JN106678

武蔵野大学
法学研究所叢書
3

日本はなぜいつまでも女性活躍後進国なのか

池田眞朗

［編著］

武蔵野大学出版会

はしがき

　本書は、武蔵野大学法学研究所が出版する、研究所叢書の第3巻である。第1巻は、2023年3月末に上梓した池田眞朗編著『SDGs・ESGとビジネス法務学』であり、第2巻は同年7月に出版した、池田編著『検討！ABLから事業成長担保権へ』である（いずれも武蔵野大学出版会より出版）。年度で言えば、第1巻が2022年度、第2巻が2023年度の出版物で、本書は2024年度のものとなるので、各年度1冊ずつのペースで世に送っていることになる。

　武蔵野大学の場合、法学研究所は、法学部法律学科と大学院法学研究科を統括する組織となっているが、大学院法学研究科修士課程がビジネス法務専攻として開設されたのが2018年、同博士後期課程の開設は2021年4月であるから、博士後期課程を開設してようやく研究機関としての体裁と陣容を整えた法学研究科（法学研究所）が、その後コンスタントに研究成果を叢書の形で発表していることになる。もちろんそれ以前の法学部開設（2014年）以来の研究成果は、年2回刊行の紀要「武蔵野法学」に発表されて蓄積されてきており、2023年3月で20号を数える同紀要掲載の諸論考は、そのほとんどが武蔵野大学学術リポジトリで閲読に供されている。

　さて、上記の法学研究所叢書第1巻・第2巻は、いずれも日本社会における喫緊の課題を扱ったものとして、一定の注目と評価を得ることができた。第1巻は、法学研究科と法律学科が合同で開催したSDGs特別授業から発展して、本学の専任・客員教員の多数が論考を提供して完成したものであり、第2巻は、わが国で法務省と金融庁が競作の様相で検討を進めていた包括

担保法制の議論をシンポジウムで取り上げたもので、その後このテーマは、2024年3月15日に、(「事業成長担保権」は「企業価値担保権」と名称を変えて)「事業性融資の推進等に関する法律」案として国会に上程されている。

　本書は、それらの実績を踏まえて、これまたわが国の積年のかつ喫緊の課題である女性活躍の後れの問題を取り上げたものである。具体的には、2023年11月20日に武蔵野大学有明キャンパスで開催された、同大学法学研究所主催のシンポジウム「日本はなぜいつまでも女性活躍後進国なのか」(当日のチラシを後掲する)の全内容を収録し再現するとともに、それを補充する書き下ろしの3論考を加えて一書とする構成を取った。

　本書の内容とその出版の意図については、冒頭の池田眞朗「女性活躍問題とビジネス法務学からのアプローチ——本書の解題を兼ねて」と「開会挨拶とシンポジウムの趣旨——ビジネス法務学の観点から」をご参照いただきたいが、重ねて述べておきたいことは、第1巻・第2巻に続けて、現下のビジネス法務学の喫緊の重要課題をテーマにしていることと、本書に収録したシンポジウムは、法律学のシンポジウムではなく(もちろん法律学と重なる部分はあるが)、「ビジネス法務学」のそれである、ということである。

　今、この変革の時代に必要なのは、現実の社会の「動態」を適切にとらえて、その「課題」に対処し、社会の今後のより良い発展に(そしてなにより社会の持続可能性のために)貢献できる学問である。そこで重要になるのは、既存の学理に拘泥するのではなく、さまざまな学問分野をつないで、どのように世のため人のためになる「ルールの生成」に寄与できるか、ということであろう。

　私共が、2018年4月に大学院法学研究科を「ビジネス法務専攻」として開設したのは、まさにそのような認識があったゆえである。

　もとよりビジネス法務学という学問は、現在なお生成途中のものである。しかし少なくとも、本叢書を第1巻から第3巻の本書まで通読していただければ、私共が確立しようと努力している「ビジネス法務学」の本質が、ある程度ご理解いただけるのではないかと思う。

　また本書は、弊職がうたう、ビジネス法務学の「ハブ構想」を実践し論証しようとしているものであることを述べておきたい。すなわちビジネス法務学は、いわゆる大学研究者だけで形成できるものではなく、実務家、法曹、官僚などの多様な人材の結集によってかたち造られるものである。また学問分野的にも、法律学、経営学、経済学、会計学、公共政策学、社会学、人間科学等々、多様な学問分野との連携の上に成り立つものと言える。ことに、本書の扱う女性活躍の問題は、歴史学、人口学、心理学等、さらに広範な学問分野からの考察を必要とするばかりでなく、いわゆるアカデミアの外からの発信までも取り入れて考究すべき問題である。ビジネス法務学の「ハブ構想」とは、それらの多様な人材、多様な学問分野をつなぎ合わせて問題解決に向かう、その「ハブ」となりうるのがビジネス法務学なのだという提案とご理解いただきたい。

　本書が、その趣旨を追究し、そして叢書第1巻・第2巻とともに、「ルール創りの新しいかたち」を示すことに多少なりとも成功しているとすれば、それは本書所収のシンポジウムにご登壇・ご報告をくださった方々の、また書き下ろし論稿のご執筆をくださった方々の、お力のゆえである。シンポジウムの企画者として、また本書の編者として、深甚の御礼を申し上げたい。なおシンポジウム当日の司会は、第2巻と同様に金安妮武蔵野大学法学部准教授が担当した。

　結びにあたって、本書のもう一つの意図を明らかにしておきたい。それは、武蔵野大学の学祖高楠順次郎博士の思念の顕彰にある。文化勲章を受章した世界的仏教学者である高楠博士は、女子教育の必要性と女性の社会進出を積極的に考えた先覚者であった。博士が武蔵野大学の前身である武蔵野女子学院を東京築地の地に創立したのは1924（大正13）年3月のことである。その後1965（昭和40）年に武蔵野女子大学を設置し、2003（平成15）年に武蔵野大学と名称変更され2004年に共学化されて、今日の総合大学への歩みが始まっている。

　したがって、総合大学としての歴史は浅いが、建学からはちょうど100

年の歩みがあったことになる。それを考えれば、本書のテーマは、今、本学においてこそ、考究されなければならないものであると言えよう。本書は、法学研究所として本学の創立100周年を祝賀するとともに、学祖の思いを改めて世に知らしめようとする一書なのである。

　本書の出版にあたっては、第1巻、第2巻に続き武蔵野大学出版会の斎藤晃氏に大変にお世話になった。厚く御礼を申し上げる次第である。

　　2024年3月

　　　武蔵野大学法学研究所長・同大学院法学研究科長・教授

　　　　　　（2024年4月より武蔵野大学名誉教授）

　　　　　　　　　　池 田 眞 朗

■「日本はなぜいつまでも女性活躍後進国なのか──ビジネス法務学の観点から」シンポジウム（2023年11月20日実施）

目　次

執筆者紹介 （掲載順）

● **池田 眞朗** (いけだ まさお) 〔編著者〕

武蔵野大学名誉教授（シンポジウム開催時＝武蔵野大学法学研究所長、同大学院法学研究科長・教授）、慶應義塾大学名誉教授。慶應義塾大学経済学部卒業、同大学院法学研究科博士課程修了。博士（法学）。専門は民法および金融法。司法試験考査委員、フランス国立東洋言語文明研究所招聘教授、国連国際商取引法委員会（UNCITRAL）国際契約実務作業部会日本代表、日本学術会議法学委員長等を歴任。著書として、『債権譲渡の研究』（全5巻）（弘文堂）、『スタートライン債権法』（日本評論社）、『民法 Visual Materials』（編著、有斐閣）、『法学系論文の書き方と文献検索引用法』（共著、税務経理協会）等がある

● **岩永 亜智加** (いわなが あちか)

弁護士・ニューヨーク州弁護士　ハドソン・ジャパン株式会社／カウンセル（シンポジウム開催時＝AsiaWise 法律事務所／カウンセル）、東京弁護士会男女共同参画推進本部委員。慶應義塾大学法学部卒業、同大学法務研究科修了、コロンビア大学 LL.M. 修了。外資系金融機関勤務の後、ロースクールへ進学。外資系法律事務所、国内金融機関、スタートアップ企業での法務コンプライアンス責任者等を経て、プライベート・エクイティ・ファンドで企業内弁護士を務める。専門はファイナンス法、会社法、デリバティブ取引、M & A 及びコンプライアンス等。

● **菅原 絵美** (すがわら えみ)

大阪経済法科大学国際学部教授。大阪大学大学院国際公共政策研究科博士後期課程修了。博士（国際公共政策）。専門は、国際法および国際人権法。グローバル・コンパクト研究センター代表、認定 NPO 法人虹色ダイバーシティ理事、一般社団法人ビジネスと人権対話救済機構（JaCER）理事、一般社団法人グローバル・コンパクト・ネットワーク・ジャパン理事、一般社団法人ビジネスと人権研究所理事等を務める。著書として、『人権 CSR ガイドライン』（部落解放出版、2013 年）、『国際人権法の考え方』（共著、法律文化社、2021 年）等がある。

● **髙梨 博子** (たかなし ひろこ)

日本女子大学教授、同大学生涯学習センター所長。日本女子大学文学部英文学科卒業、同大学院文学研究科英文学専攻博士課程前期およびカリフォルニア大学サンタバーバラ校言語学科博士課程修了。博士（言語学）。専門は社会言語学および言語人類学。カリフォルニア大学デービス校人類学科およびカリフォルニア大学サンタバーバラ校言語学科にて客員研究員、イーロン大学外国語学科にてアシスタントプロフェッサーを務めた。日本女子大学生涯学習センターリカレント教育課程では、所長として社会人女性の学び直しを支援している。

● **青山 直美** (あおやま　なおみ)

流通アドバイザー・コラムニスト
慶應義塾大学法学部卒業後、東芝入社。ネットベンチャーを経て、2004年に独立しスタイルビズ設立。顧客視点からのEC関連のアドバイザーや社外取締役を複数（イズミ、アスクル）つとめる。日経MJでの連載は16年目を迎える。近年、地方創生、スタートアップ支援、エシカル消費、AIのマーケティングへの展開などのテーマにも力を入れている。JSSA（ジャパンスタートアップ協会）顧問、日本オムニチャネル協会フェロー、情報経営イノベーション専門職大学客員教授。

● **岡村　雅子** (おかむら　まさこ)

をかしクリエーティブディレクター、コピーライター、サッカーライター。慶應義塾大学法学部卒業。電通に入社。PR業務を経てコピーライターになる。化粧品、車、お酒、エアライン、テレビ等の広告を手掛ける。海外駐在歴あり。カンヌ、クリオ賞など海外広告賞受賞及び審査員を歴任。米国でワンショー、ADCを主催するThe One Clubの元ボードメンバーでダイバーシティ対策に関わる。著書に『新コピーライター入門』（電通）、韓国で『커리어 대작전（キャリア大作戦）』を出版。唎酒師、サーファーでもある。

● **井上 由里子** (いのうえ　ゆりこ)

一橋大学法学研究科教授。ビジネスロー専攻にて社会人大学院教育に従事。東京大学文学部（社会心理学）卒業、同法学部卒業。

東京大学法学政治学研究科助手・同専任講師、筑波大学政策科学研究科助教授、神戸大学法学研究科助教授・同教授、一橋大学国際企業戦略研究科教授を経て、現職。専門は知的財産法。公文書管理委員会委員、関税不服審査会委員、文化審議会委員、情報通信審議会委員、産業構造審議会臨時委員、こども家庭審議会臨時委員等を歴任。著書として、『情報法』（有斐閣）、『ケースブック知的財産法』（弘文堂）等。

● **八代 英輝** (やしろ　ひでき)

弁護士、米国ニューヨーク州弁護士、武蔵野大学客員教授。慶應義塾大学法学部法律学科卒業、コロンビア大学ロースクールLL.M.修了。元裁判官。専門は著作権法及びライセンスビジネス法。日本スポーツ仲裁機構仲裁人、海上保安庁政策アドバイザー、航空自衛隊幹部学校特任講師。著書として、『日米比較でわかる米国ビジネス法ハンドブック』（中央経済社）、『日米著作権ビジネスハンドブック』（商事法務）、『コンテンツビジネス・マネジメント』（東洋経済新報社）等がある。

● **矢澤 美香子** (やざわ　みかこ)

武蔵野大学人間科学部教授、同大学キャリア開発部長兼キャリアセンター長。公認心理師、臨床心理士、産業カウンセラー。早稲田大学第一文学部卒業、同大学院人間科学研究科博士後期課程単位取得退学。博士（人間科学）。専門は臨床心理学および産業・組織心理学。医療機関（精神科・心療内科）やEAPにおける心理職にも従事。著書として、『社会人のためのキャリアデザイン

入門』(金剛出版)、『役立つ！産業・組織
心理学 仕事と生活につかえるエッセンス』
『基礎から学ぶ心理療法』(ナカニシヤ出版)
等がある。

● 水野 紀子 (みずの のりこ)

白鴎大学教授、東北大学名誉教授。東京大
学法学部卒業。学士（法学）。専門は民法。
東京大学助手、名古屋大学助教授・教授、
東北大学教授を経て現職。非常勤として、
せんだい男女共同参画財団理事長、宮城県
労働委員会会長、宮城県男女共同参画推進
審議会会長等。生命倫理・安全部会委員、
生命倫理専門調査会委員、出入国管理政策
懇談会委員、新司法試験考査委員、法制審
議会民法（家族法制等各種）部会委員、日
本学術会議会員等を歴任。近刊の著作とし
て、「講座・日本家族法を考える（第1回
〜第21回）」法学教室487号〜510号等
がある。

女性活躍問題とビジネス法務学からのアプローチ
——本書の解題を兼ねて——

池田眞朗

　本書は、2023 年 11 月 20 日に開催された、武蔵野大学法学研究所主催の
ビジネス法務学 Online シンポジウム「日本はなぜいつまでも女性活躍後進
国なのか—ビジネス法務学の観点から」の全報告を収録・再現し、併せてそ
れらを補充する 3 論稿（および解題を兼ねての本稿）を掲載するものである。
なお本書は、武蔵野大学法学研究所叢書第 3 巻として出版される [1]。

　本稿では、本書の解題（および構成の紹介）を兼ねて、主催者側の本シン
ポジウム開催の意図と問題意識を述べる。本シンポジウムの主題である、わ
が国の女性活躍の後れの問題は、言うまでもなく日本社会全体における、現
下（2023 年から 24 年にかけて）の最重要の問題といってもよいものであり、
さまざまな立場からの関心や問題意識は多様に存在すると思われる。しかし
ながら、それならばなぜなかなか改善の兆しが見えないのであろうか。少な

---

1)　第 1 巻は池田眞朗編著『SDGs・ESG とビジネス法務学』（武蔵野大学出版会、2023
　　年 3 月）、第 2 巻は池田眞朗編著『検討！ABL から事業成長担保権へ』（武蔵野大学出
　　版会、2023 年 7 月）である。

くとも、世界的なランキングの数字の上では、2023 年まで、目立った向上がみられていない。

　本書は、この問題に、筆者が称する「ビジネス法務学」[2] の観点から取り組もうとするものである。既に論じてきたように、「ビジネス法務学」は、法律学とは別のものである。もちろんビジネス法務学は法律学の知識を一定の前提とはしているが、両者はその着眼・発想において、またその本質において大いに異なるのである。したがって、筆者が本書後掲のシンポジウム開催挨拶で述べる通り、今回のシンポジウムは、「ビジネス法務学」のシンポジウムであって、法律学のシンポジウムではないのである。

　では、「ビジネス法務学」からの、「ビジネス法務学」ならではの、女性活躍問題へのアプローチは、具体的にどのようなものになるのか。①まず述べておくべきは、筆者が「ビジネス法務学のハブ構想」[3] の小論で示したように、ビジネス法務学は、法律学、経営学、経済学、公共政策学、社会学など既存の学問分野をつなぎ、その中心となるべきものであることを、実践してお目にかけるということであり、もう一つは、②アカデミアの世界とビジネスの世界を縦横に結ぶ、ということの実践である。つまり、①は、これまで「学」として認識されてこなかったビジネス法務を、「学」として、新しい学問分

---

2)　ビジネス法務学については、池田眞朗「これからの SDGｓ・ESG とビジネス法務学」（前掲注 1）の第 1 巻『SDGs・ESG とビジネス法務学』1 頁以下所収、ことに法律学との差異については 30 頁以下も参照）、池田眞朗「変革の時代の民事立法のあり方とビジネス法務学」（前掲注 1）の第 2 巻『検討！ABL から事業成長担保権へ』1 頁以下所収）、池田眞朗「ビジネス法務学の確立とそのハブ構想」武蔵野法学 19 号（2023 年 9 月）274 頁以下（横書き 53 頁以下）を参照。その他池田が専門誌に発表済みのビジネス法務学各論等としては、「ビジネス法務学の確立へ」金融法務事情 2209 号（2023 年 5 月）1 頁、「太陽光発電再考—SDGs とビジネス法務学」銀行法務 21・899 号（2023 年 6 月）1 頁、「懸賞広告のビジネス法務学」NBL 1252 号（2023 年 10 月）1 頁、「ジャニーズ問題のビジネス法務学」会社法務 A2Z・199 号（2023 年 12 月）66 頁、「物流のビジネス法務学」ビジネス法務 2024 年 4 月号（2023 年 2 月発売）126 頁以下がある。

3)　池田・前掲注 2)「ビジネス法務学の確立とそのハブ構想」255 頁（横書き 72 頁）以下参照。

野として確立させるための論理として強調してきたのであるが、ビジネス法務学の「本領」は、②アカデミアの世界とビジネスの世界を切り離さず、両者を縦横に行き来して課題を解決するところにあるはずと考えられる。

その基本姿勢から女性活躍問題に切り込んだ場合に、これまで得られなかった課題解決・改善の途が発見できるのではないか（つまり、女性活躍問題は、政府の施策や法律学からの検討だけで解決できるものではなく、多様な学問分野の知見の結集、さらには学術界の外からのアプローチが必須なのではないか）。それが、本シンポジウムを開催した主催者の真意であり、さらにその成果を補充する３論稿を追加して検討を加えることにした編者の意図なのである。

具体的には、シンポジウムの報告者やコメンテーターの人選を見ていただくと、アカデミアとビジネス（弁護士やメディア関係を含む）の両方からのメンバー構成であることがわかっていただけよう。さらに補充の３論稿は、人間科学、法学、歴史学など、アカデミアの世界でのハブ構想を実現させて課題の分析をより深めようとしたものである。

かくして、ビジネス法務学が女性活躍の後れの問題に対してどうアプローチして何ができるのか、を実験してみたのが本書であるということになる。この試みが何をもたらし、どれだけ成功したと言えるのかは、読者諸賢に忌憚のないご判断をいただくしかない。

筆者自身の補充に関しては、本書巻末の拙稿「女性活躍のビジネス法務学」をお読みいただくとして、以上をシンポジウム主催者であり本書の編者である筆者としての、本書の解題に代える次第である。

開会挨拶とシンポジウムの趣旨
——ビジネス法務学の観点から——

池田眞朗

　池田でございます。武蔵野大学法学研究所長、大学院法学研究科長を務めております。本日は、多数の皆様のご視聴をありがたく御礼申し上げます。

　最初に申し上げますが、このシンポジウムは、法学研究所主催のシンポジウムですが、法律学のシンポジウムではありません。ビジネス法務学のシンポジウムです。そのことをまず説明させてください。それが、本日の「女性活躍」を本研究所がテーマに選んだ理由につながりますので。

　武蔵野大学大学院法学研究科は、ビジネス法務専攻として 2018 年に修士課程、2021 年に博士後期課程を開設し、本年度はその博士後期課程の完成年度に当たります。そして法学研究所は、本学が法学部を開設した 2014 年から置かれておりまして、他大学などで一般にみられる、学部等から独立した組織ではなく、逆に学部と大学院を統括する組織として機能しています。

　この間、私は、ビジネス法務学というものの確立に努めてきました。まず、「ビジネス法務」の用語は、ここでは企業法務と金融法務を包括したものとして使用します。ただ、その意味のビジネス法務は、これまで「学」として論じられることがほとんどありませんでした。端的に言えば、企業や金融機

関がスムーズに業務を行い、利益を上げるための、法律に関係する面での技術やノウハウの集積のようなものとして考えられてきたのです。

　私共は、これに倫理や規範的判断力の観点を加え、SDGs や ESG なども必須の考慮要素に加えて、企業等の利益追求を目的とするのではない、人間社会の持続可能性を最大の価値とする、一つの学問体系として確立させようとしています。

　また、ビジネス法務学は、法律学とは別の物です。「ビジネス法学」という表現もありますが、それでは、民法、会社法、金融商品取引法、知的財産法など、ビジネスに関係する法律を集めて研究し教授する、法律学の一つのカテゴリーに過ぎないことになってしまいます。

　さらにいえば、これまでのビジネス法務は、いわば法律学の理論の現場への実践とみられてきて、当然のように、法律学に付従・付随するものと考えられてきましたが、私見では、その関係は逆転し、ビジネス法務学は、もちろん法律学の知識等は前提にしていますが、法律学や、経済学、経営学、会計学、社会政策学、地政学的な政治学など、多くの学問体系をつなぐ、ハブの役割を果たすものにまでなると考えられるのです。

　この点は、私の論文「ビジネス法務学の確立とそのハブ構想」[1] を本学の学術リポジトリでお読みいただければありがたいのですが、ここではその概要のみ申し上げます。まずキーワードを挙げておきます。一つは、「変革の時代」ということ、もう一つは、ビジネス法務学の要諦を表す、「創意工夫を新しい契約でつなぐ」というフレーズと、「ルール創り」という言葉です。

　現在、世界は未曽有の、かつ急激な変革の時代に突入しています。ただ日本の国民の皆さんはその認識がいま一つ薄いように思います。けれども、急速な技術革新と、気候変動の進行、グテーレス国連事務総長がいう「地球沸騰の時代」の到来は、この先のビジネスのめまぐるしい変化を示すだけでな

---

1)　池田眞朗「ビジネス法務学の確立とそのハブ構想」武蔵野法学 19 号（2023 年 9 月）274 頁（横書き 53 頁）以下。

く、人間社会の持続可能性の危機までを告げています。

　この時代に、法律という、伝統的な社会コントロールシステムは、後追いになって十分に機能しなくなるという限界性をはらんでいます。我々は、法律の制定や改正を待つのではなく、自分たちの様々な創意工夫でこの変革に対応していかなければならない状況にあります。民民の契約はもちろん、官民の契約、さらには国と国との合意など広い意味の「ルール創り」をして、まさに「創意工夫を契約でつないで」いくことが求められているのです。

　そうすると、これまでの学問体系を、学際的というようなレベルではなく、一段高い、俯瞰的な視野で結び付けていくハブの学問が必要になる。そのハブとなれる最大の資質は、「ルール創り」ができる学問、「ルール創り」を中心的に扱う学問、ということで、ビジネス法務学がそのハブの地位に立つ適性がある、というのが私の見解です。

　その観点から、私共は博士課程創設以来、毎年フォーラムやシンポジウムを行い、SDGs・ESG、金融担保、そして高齢者法学、と研究を展開し、それらを大学紀要や研究所叢書で発表してきました[2]。そして今回、本日のシンポジウムテーマを選択するに至ったわけです。

「日本はなぜいつまでも女性活躍後進国なのか——ビジネス法務学の観点から」という、この副題の意味はただいまお話ししました。創意工夫を新しい契約でつなぐルール創りをして、変革の時代に対処する。そういうビジネス法務学の各論は、実はいくつでもできるのですが、本日のテーマは、その中

---

[2]　SDGs・ESG については、池田眞朗編『SDGs・ESG とビジネス法務学」〔武蔵野大学法学研究所叢書第 1 巻〕（武蔵野大学出版会、2023 年 3 月）、金融担保法制に関しては、池田眞朗『検討！ ABL から事業成長担保権へ』〔武蔵野大学法学研究所叢書第 2 巻〕（武蔵野大学出版会、2023 年 7 月）として出版されている。そして高齢者法学については、直近のものが 2023 年 3 月 7 日に開催された「高齢者法のカリキュラムと実務家教員の活躍の可能性——これからの『高齢者法学』の確立を目指して」であり（法学研究所と実務家教員ＣＯＥプロジェクトの共催、登壇者は池田眞朗、関ふ佐子、根本雄司、高橋文郎、岡本祐樹、樋口範雄の諸氏）、この内容は、武蔵野法学 19 号 324 頁（横書き 3 頁）以下に掲載されている。

でも非常に大きな、しかも喫緊の課題なのです。

　皆様ご案内のように、世界経済フォーラムが公表した 2023 年のジェンダー・ギャップ指数では、日本は 146 カ国中 125 位という、過去最低のレベルにあります。

　日本では男女雇用機会均等法が昭和 60 年（1985 年）5 月に成立し、平成 3 年に育児休業法、平成 5 年にパートタイム労働法、平成 15 年に次世代育成支援対策推進法、平成 27 年（2015 年）に女性活躍推進法が成立しています。したがって、現在すでに客観的に明らかになっていることは、法律だけ作ってもだめ、ということでしょう[3]。

　本日は、この問題について、報告者の皆様に自由に問題提起や意見発出を行っていただきたいと考えています。したがって、主催者からの限定的なお

---

3) しかし先駆的な立法に尽力した人々への敬意は忘れてはならない。1985 年の男女雇用機会均等法（「雇用の分野における男女の均等な機会及び待遇の確保等女子労働者の福祉の増進に関する法律」）は、規定の多くが努力義務にとどまったが、それでも当時の企業社会に大きな改善のインパクトを与えた。またこの法律の制定で国連の女子差別撤廃条約も批准できたとされる。この男女雇用機会均等法の成立に尽力し、「均等法の母」と称される、シンポジウム後の 2024 年 2 月に亡くなった赤松良子氏（元文相、立法当時労働省婦人局長）に改めて敬意を表したい。

　なお、上記の国連「女子差別撤廃条約」については、外務書の公式表記が「女子」なのだが（公式訳文では女子、男子、と訳している）、原文は against Woman なのだから（Convention on the Elimination of all forms of Discrimination Against Women、CEDAW と略される）、今日の感覚では「女性差別撤廃条約」と修正すべきであろう。ちなみに、この「女子差別撤廃条約」は第 2 条で女子（女性）に対する差別法規の改廃義務を定め、第 16 条 1 項柱書で、「締約国は、婚姻及び家族関係に係るすべての事項について女子に対する差別を撤廃するためのすべての適当な措置をとるものとし、特に、男女の平等を基礎として次のことを確保する」（外務省訳文による）とし、その g 号で「夫及び妻の同一の個人的権利（姓及び職業を選択する権利を含む。）」と規定している。そして、国連の女子（女性）差別撤廃委員会（CEDAW）は、日本の民法が定める夫婦同氏が「差別的な規定」であるとし、これを改善することを、2003 年、2009 年、2016 年の 3 度にわたり勧告している。さらに本書の最終章「女性活躍のビジネス法務学」（池田眞朗）との関連でいえば、この条約の規定も一つの根拠として、選択的夫婦別姓を求める訴訟が提起されたが、この請求は 2015（平成 27）年 12 月 16 日に、最高裁で退けられている（内容は最終章参照）。

願いは全くしておりません。ですから、雇用、育児、人的資本、SDGs、CSR、教育、など、それぞれのお立場から報告をお願いしたいと思います。

　折しも、この企画を立てた後に決まった本年（2023 年）のノーベル経済学賞を受ける米国ハーバード大学のクラウディア・ゴールディン教授は、男女間に賃金格差が生じる要因を解明した研究が評価されたということで、本日のご報告にも関連の内容があるかもしれません。

　ただ、世界経済フォーラムのジェンダー・ギャップ指数では、判定基準 4 分野の一つとして政治すなわち議員の数等が挙げられていますが、この「政治」の観点は、報告者の方々が触れられるのはご自由なのですが、主催者としては、ビジネス法務学の観点からは、議論の主たる対象からは外していただければと思っております。

　なお、本日はこのようなテーマ設定ですが、決して男女の二項対立ではなく、私共はいわゆる LGBTQ の問題をないがしろにしているわけではないということを付け加えておきます。

　それから、本来は、対面形式であればフロアからの質疑応答の時間を設けるところだったのですが、本日は、全面オンラインでの開催と致しましたため、また多数のご参加が見込まれましたために、混乱を避ける意図で報告者相互のパネルディスカッションといたしました。ご視聴の皆様には、ご質問、ご意見がおありでしたら、本シンポジウム終了後に、視聴申し込みをしてくださったメールアドレスに、お名前、ご所属を書いて投稿のメールをお送り願います。本シンポジウムを書籍化する際などに参考にさせていただきます。このような趣旨で、ご視聴の皆様には、ミュートにしていただき、またチャット使用もご遠慮いただく設定としてあります。この点どうかご了承を賜りたく存じます。

　また、本日のシンポジウムは、最大 17 時 30 分までの予定で行い、途中 10 分の休憩時間を取らせていただきますが、その時間帯も Zoom はつないだままで結構です。それでは、本日は実り多い機会になりますよう、最後までどうぞよろしくお願い申し上げます。

ビジネスとジェンダー平等

岩永亜智加

I　はじめに

　弁護士の岩永と申します。本日は、『ビジネスとジェンダー平等』という
テーマで、お話しさせていただきます。

　はじめに、私の自己紹介をさせていただきます。私は大学卒業後、外資系の
金融機関で働いた後、弁護士になりました。大手国内金融機関で6年半インハ
ウスローヤーとして働いた後、弁護士業の傍ら、テック系のベンチャー企業の
マネジメントもやっておりました。その他に、東京弁護士会の男女共同参画推
進本部の委員をやっておりまして、弁護士会の中でのジェンダー平等やビジ
ネスの世界における女性役員比率の向上に関する取り組みも行っております。

II　弁護士とジェンダー平等

1　周回遅れのジェンダー平等

　弁護士とジェンダー平等というテーマに関連して、私が個人的に取り組ん

でおります女子中高生に向けたキャリア教育についてご紹介したいと思います。私は 2011 年に弁護士になりましたが、なってみて女性がものすごく少ないということに驚きました。弁護士になる前は、外資系の金融機関という比較的高いポジションについている女性が多い職場で働いていましたので、そのギャップにものすごく違和感がありました。特に気持ちが悪かったのが、バレンタインデーに事務所の秘書さん方から男性弁護士と同様にチョコレートをもらうという経験をして、いったいどうしたらよいものかと、何とも複雑な思いをしました。当時、私は 2 歳の子どもがいたのですけれども、仕事と子育てを両立させるというのは、すごく難しい環境でした。特に、その当時は働き方改革前で、夫も長時間労働で出張も多かったため、非常に体力的にきつかったことを記憶しております。その頃は、なぜ弁護士に女性が少ないのか、折角資格を取ったけれども女性には弁護士という職業は向いていないのではないか、ということを真剣に悩んでおりました。どのようにしたら男性のようなふるまいができるのか、男性と同じような長時間労働をするためにどうしたらよいのかを必死で考えていました。一般企業と比べ、法律事務所においてはジェンダー平等への取り組みは周回遅れではないかと感じております。

2　データが示す少ない女性弁護士

　こちらのグラフを見ていただきますと分かるように、現在は徐々に女性弁護士の数は増えてはきています。しかし、2023 年 6 月に弁護士登録されている全弁護士 44,858 名のうち、女性弁護士は 8,912 名であり、約 19.9％と、まだまだ少ない状況です [1]。

　そもそも少ない女性弁護士ですが、組織内弁護士に占める女性の割合は 4 割にも上るというデータがございます [2]。法律事務所ではロールモデルが少

---

1)　日本弁護士連合会「弁護士白書」2022 年版
2)　日本組織内弁護士協会「組織内弁護士の統計データ」、「企業内弁護士の男女別人数（2001 年〜 2023 年）」https://jila.jp/wp/wp-content/themes/jila/pdf/analysis.pdf（最終閲覧日：2024 年 1 月 14 日）

ないということもあるのかもしれません。また、弁護士は東京に非常に集中しているというデータもございます。全国に目を向けますと、地方裁判所の支部の管轄を1つの地域としてみて、女性弁護士の登録が全くない地域、いわゆる「女性弁護士ゼロ支部」が2022年のデータでは63カ所となっております[3][4]。司法を担う現場で女性が不足しているというのは、ジェンダーバイアスが司法の観点にも入ってきてしまいますので、非常に問題であると危惧しております。

　こういったこともあり、私は少しでも多くの女子学生に弁護士を目指してもらい、弁護士に占める女性の割合が増えるとよいと願っております。そのため、複数の都内女子校で中高生に向けてのキャリア教育を行っております。弁護士の仕事を知ってもらい、関心を持ってもらうために、複数の女性弁護士がそれぞれの個性豊かなキャリアを紹介する取り組みを始めたところ、「そもそも女性の弁護士を知らないし、会ったことがなかった」とか、「弁護士は男の世界だというイメージがあった」、あるいは、「自分には子育てしながら、弁護士として働くことはできないと思っていたけれども、実際にそうやって活動している人の話を聞いてみてよかった」などの声を女子学生の方からいただきました。少しでも若い女性に弁護士を目指してもらえると嬉しく思います。

Ⅲ　日本企業におけるジェンダー平等

　次に、日本企業におけるジェンダー平等について、お話ししたいと思います。先ほど池田先生からもご紹介がありましたが、日本のジェンダーギャッ

---

3)　日本弁護士連合会「弁護士白書」2018年版 https://www.nichibenren.or.jp/library/ja/jfba_info/statistics/data/white_paper/2018/tokushu-1_tokei_2018.pdf（最終閲覧日：2024年1月14日）

4)　江本真理「日本弁護士連合会男女共同参画推進基本計画策定から15年―さらにすすめる男女共同参画―」日本弁護士連合会「自由と正義」2023年11月号8頁

プ指数は 125 位となっており G 7 では最下位です [5]。日本のポイントは近年ほぼ横ばいですが、順位はじりじりと後退している傾向にあります。「経済」「教育」「健康」「政治」の 4 分野の中で、政治と経済が特に低い状況です。

1　企業の役員とジェンダー平等

　そこで、まずは上場企業の役員にフォーカスを当ててお話しします。

（1）女性役員の比率

　上場企業の女性役員数の推移のグラフをご覧ください。近年、女性の役員は増加傾向にありますが、上場企業に占める女性役員の割合は、2023 年の統計で全体のわずか 10.6％にすぎません [6]。

　女性役員が増加した背景には、2018 年と 2021 年のコーポレートガバナンス・コードの改訂があると考えます。コーポレートガバナンス・コードとは、上場企業が行う企業統治においてガイドラインとして参照すべき原則・指針を示したものです。2018 年の改訂では、取締役会におけるジェンダーや国際性の面を含む多様性の確保が重要な要素とされました。そして、2021 年6 月の改訂では、補充原則 2-4 において、女性の管理職への登用等についての考え方、目標、そして、その状況等の開示を求められるようになりました。このような背景もあり、上場企業の女性役員数は増えてきております。

（2）女性の社内昇格による役員就任は少ない

　ただ、増えている女性役員は社外役員が多いのが現状です。女性役員のうち、社内役員はわずか 13.7％にすぎません [7]。「育成・キャリア形成に時間

---

5)　内閣府　男女共同参画局「男女共同参画に関する国際的な指数」https://www.
gender.go.jp/international/int_syogaikoku/int_shihyo/index.html（最終閲覧日：2024
年 1 月 14 日）

6)　内閣府　男女共同参画局「有価証券報告書に基づく上場企業の女性役員の状況」
https://www.gender.go.jp/policy/mieruka/company/yakuin.html#n04　（最終閲覧
日：2024 年 1 月 14 日）

7)　綾高徳「取締役会のジェンダーバランスについて（2022 年度版）」株式会社日本総合
研究所　https://www.jri.co.jp/page.jsp?id=105179（最終閲覧日：2024 年 1 月 14 日）

を要する社内役員よりも、まずは外部労働市場から招聘してくる」という傾向が強く見られます。とはいえ、外からすぐに役員になれますという女性はそうそういませんから、必然的に2社、3社と社外役員を兼務する女性が男性に比べると多くなっており、女性役員に占める兼務者の割合は25%にもなっています。女性役員が増えるということは、非常に喜ばしいことと思ってはいるのですが、会社の役員というのは、非常に責任の重い仕事でありますので、個々人のスキルや各企業における状況によっても異なるところではあると思いますが、何社も兼務するのは少し難しいところがあるのではないかと思います。理想論や教科書的な見解を述べるのではなく、業界の動向、社内の体制などもよく理解した上で、バランスを取りながら現実的な判断をしなければならないということもありますので、たとえ社外であっても当該企業のビジネスに関する深い理解が必要となります。したがって、女性だから外から役員として呼ぶというのではなく、これからは女性の内部昇格により社内役員となっていく人が増えていくことが望まれます。

(3) 最近のニュース

　いくつか女性役員に関する最近のニュースを紹介させていただきます。

ⅰ『社外取締役選定、女性など争奪戦　適任者不足の懸念』（日本経済新聞
　2023年8月23日）

　大手運用会社の間では、女性役員ゼロの投資先企業に対して、総会議案に反対する動きが出てきております。こちらにアメリカの議決権行使会社、グラスルイスの議決権行使助言方針（2023年度版）を抜粋いたしました。ここでは、「プライム市場上場企業の取締役会には、最低でも10%以上の多様な性別の取締役を求める」、「プライム市場以外の上場企業には、多様な性別の役員を最低1名求める」といったことが書かれております。議決権行使助言会社がどのような意見を出すかによって、機関投資家の議決権行使が大きく左右される場合もあるので留意が必要です。

　※なお、本シンポジウム後の2023年12月に公表されたグラスルイスの
　　2024年版の日本市場向け議決権行使助言方針ガイドラインにおいては、

2024 年 2 月から女性役員不在の場合の賛否判断の基準に関連して設けていた例外規定の適用を停止し、2026 年以降はプライム市場上場企業に対し、男女比 20% 以上の多様な取締役で取締役会を構成することを求めています [8]。

ⅱ 『社外役員兼任、前年比 4 割増　女性候補少なく　幹部育成急務に』（日本経済新聞　2023 年 9 月 19 日）

3 社以上の兼任者だと女性は 246 人で全体の 10.1% を占めていること、そして兼務者は弁護士や会計士、大学教授などが顕著になっているということが書かれています。実際に私は、東京弁護士会の男女共同参画推進本部で女性社外役員を増やすための活動に携わっているのですが、周りを見渡すとやはり女性弁護士で社外役員に就任する例が増えてきていると感じます。

ⅲ 　『社外取含めた研修制度を　企業統治の課題』（日本経済新聞　経済教室　2023 年 10 月 4 日　ニコラス・ベネシュ会社役員育成機構代表理事）

「欧米では多様な専門領域での経験を有する取締役が多い」のに対し、「転職社会ではない日本では、IT、金融、ESG といった複数の専門領域を別個の組織で経験した独立取締役候補を探すのは、大きな困難を伴う」と指摘されております。

これらの記事からわかるように、女性役員比率の向上については、今非常に注目がされています。実際に海外投資家からも、こういった日本企業のジェンダー平等に対する取り組みや、ガバナンス向上への期待から、中国やインドなどの企業に比べて日本に対する期待が相対的に高まってきていると思います。これからは、数値目標だけを追い求めるのではなく、企業の中長期的な価値向上のために、多様な視点を取り入れたガバナンスがより一層大切となってくると考えます。

---

8)　Glass Lewis「2024　Benchmark Policy Guidelines」

2　企業の管理職とジェンダー平等

(1) 管理職に占める女性の割合

　では、女性がどれだけ内部昇格で管理職になっているのかということを見ていきたいと思います。まず、就業者に占める女性の割合ですが、こちらは45％でして、諸外国と比べて大差ありません[9]。しかし、管理職に占める女性の割合は、12.9％で非常に低くなっています。諸外国ではおおむね30％以上ですから、きわめて低いことが見て取れます[10]。そして、管理職の中でも上位の役職ほど女性の割合が低くなっています。これは、年功序列型の雇用形態の名残がある日本企業において、そもそも上の年次の女性が少ないということもあると思います。また、女性は、管理職になりたがらない人が男性に比べて多いということをいまだに聞きます。こういった役職の違いによって、男女間の賃金格差が生まれているのです。

(2) なぜリーダーシップポジションについている女性が少ないのか

　では、どうしていつまでもそうなのでしょうか。女性の社会進出が進まない理由として言われていますのが、「男性中心の企業風土、家事・育児との両立が難しい、ロールモデルの不存在」です。しかし、私が社会人になった20年くらい前も同じようなことが言われていました。先に紹介した日本のジェンダーギャップ指数が表しているように、日本におけるジェンダー平等が進んでいないことを実感します。

　2023年のノーベル経済学賞を受賞したクラウディア・ゴールディン氏が、米国における男女間の賃金格差について解明し、企業などの雇用主が、結婚などによって離職する可能性のある女性よりも長期間の就業が可能な男性の従業員を優遇する傾向があることなどを明らかにしました。特に、高賃金の職業は、時間外労働が常態化しており、「急な出張も引き受けられる」、「電話にいつでも対応可能」であることが「仕事ができる」として高く評価され、

---

9)　内閣府　男女共同参画局　男女共同参画白書　令和5年版
10)　同前

結果的に、時間の制約の少ない人ほどたやすくキャリアの階段を上っていけるというのが現実なのです。

　しかし、人生100年時代の今、そのような都合の良い労働者ばかりではなくなりました。

　そして、様々な情報通信技術が発達した今、長時間職場に張り付いていなくともテクノロジーを活用することで、長時間労働と同等あるいはそれ以上のパフォーマンスを発揮することが可能な時代になってきていると思います。これからは、テクノロジーをうまく取り入れること、多様な働き方を受け入れること、そして、時間ではなく成果で評価する仕組みを作ること、これが男女間格差解消のカギになるのではないかと考えます。

(3) 近年のジェンダー平等に関連する法整備

　柔軟で多様性のある働き方に関しては、日本でも様々な法整備がされています。いくつか最近の法律をご紹介します。

iv　女性活躍推進法

「女性の職業生活における活躍の推進に関する法律」は、就労し、活動したいという希望を持つ全ての女性が、その個性と能力を十分に発揮できる社会を実現することを目的として制定されました。労働力不足や、育児・介護を理由に働けない女性がいること、出産や育児により離職で非正規雇用となる女性が多いこと、人材の多様化などの問題を背景に、就労し、活躍したいという希望を持つすべての女性が、その個性と能力を十分に発揮できる社会を実現することを目的として制定されました。

v　育児・介護休業法とパタニティ・ハラスメント

「育児休業、介護休業等育児又は家族介護を行う労働者の福祉に関する法律」は、出産・育児による従業員の離職を防ぎ、希望に応じて男女とも仕事と育児を両立できることを目的として成立しました。この法律の2022年の改正では、夫が妻の産休期間に合わせて、子どもの誕生から8週の間に最大4週分の休みを、2回までに分けて取得できるようになったことが注目されます。

　実は、育児休業制度については、2022年の法改正前から日本はすでに先進国トップクラスの充実度であったと言われています。そうであるにもかかわらず、日本ではなかなか男性の育児参加が進んでおりません。その背景には、パタニティ・ハラスメント（いわゆるパタハラ）問題があります。厚生労働省が令和2年に発表した「職場のハラスメントに関する実態調査報告書」によると、過去5年間でパタハラをうけた割合は26.2%で、約4人に1人がパタハラを経験しているという結果がでています。受けたハラスメントの内容は、上司によるものが53.4%、同僚によるものが33.6%となっています[11]。

（4）日本における根強い性別分業の意識

　厄介なのは、男性の低い育休取得率や育児参加率については、性別による固定観念や思い込みが深く根付いていることが多いという点です。男性は、長時間企業のために都合よく働くものだという社会規範が、こういったハラスメントを起こすのだと思います。このように、ジェンダー平等に関しては女性ばかりでなく、男性が抱えるジェンダー問題にも踏み込んで考えることが非常に重要になります。

　職場の問題としては、経営者自らが、男性も育休を取得することが望ましいというメッセージを発信したり、育休を実際に取得した男性の声を紹介したりすることで社員の意識を改革していくことが必要ではないでしょうか。私の夫の話になりますが、夫は欧州系の企業に勤めており、時々本社へ長期で出張に行きます。欧州の本社では午後3時台になると、男性社員も含めて、子どものお迎えのための「お迎え帰宅ラッシュ」が始まるそうです。お迎えの後、再度自宅からオンラインで仕事をするようですが、男性社員がそのようなことを行うということは日本ではまだかなり少ないのではないかと思います。日本では男性が家庭の事情を職場で話すことは、女性以上に難しいのが現状です。企業の経営層に女性が増えることによって、このような職場で

---

11)　厚生労働省　令和2年「職場のハラスメントに関する実態調査報告書」

の意識は変わっていくのではないかと考えます。

　また、育児の現場側の問題もあります。私の夫は、父親が午後の早い時間に子どものお迎えに保育園に行くと、すごく変な目で見られるとか、怪しい人に思われているような気がするということをよく言っていました。また、学校の保護者会やPTAなどの活動に参加すると、特に、平日に行われるものに参加しているのはほとんどが女性の保護者で、男性の保護者は非常に参加しづらい雰囲気があります。私も娘が通っていたこども園の行事に参加したときに、あらかじめ置かれていた席札に「●●ちゃんお母さま」と書いてあり、衝撃を受けました。参加するのは母親であるということが前提となっているのです。

　このように日本では性別による分業の意識がまだ根強く残っています。今後は、家族の在り方も多様化しているということを認識し、育児の現場の側も変わって行かなければなりません。

3　起業家とジェンダー平等
（1）独立・起業家にしめる女性の割合

　次に未上場のベンチャー企業におけるジェンダー平等についても見ていきたいと思います。左の図を見ていただくと、独立・起業家にしめる女性の割合は34.2％となっており、結構な割合で女性がいることがわかります[12]。しかし、女性起業家にとって、資金調達は非常にハードルが高くなっています。ベンチャーキャピタルなどの投資家は、ライフイベントのある女性経営者が創業期の会社経営をすることをリスクと考える傾向があるようで、その結果、資金調達額に占める女性の割合はわずか2％という低水準になっています[13]。

---

[12]　2022年7月金融庁政策オープンラボ「スタートアップエコシステムのジェンダーダイバーシティ課題解決に向けた提案」
[13]　同前

例えば、男性起業家が行うプレゼンテーションに対して、投資家は「どのように顧客を獲得するつもりですか」などと、事業の成長について前向きな質問をするのに対し、女性起業家に対しては「顧客をどう維持するのですか」などと、そもそもスケールアップより現状維持を前提にした保守的な問いが多いという傾向があるようです。これは完全にジェンダーによる無意識のバイアスであると思うのですが、これはベンチャー・キャピタリストの中で多様性が進んでいないことの表れではないかと思います。

(2) 最近のニュースから

先日、ベンチャーキャピタル業界で多様性が進んでないということを問題視する記事が新聞に掲載されていました。一般社団法人日本ベンチャーキャピタル協会のウェブサイト[14] を見ましたところ、同協会の幹部が女性差別と捉えられかねないメッセージを協会内部の Slack（コミュニケーションチャット）に上げてしまったという事案がありまして、これをきっかけにジェンダー格差是正に向けた議論が行われたようです。

新しい世界をつくるはずのスタートアップで、旧態依然とした課題を内包した状態というのは非常に残念なことだと思います。多様性こそがリスク分散という考え方で女性が経営者であることをリスクと捉えずに、ベンチャーキャピタルからの投資を呼び込むことができればと思います。

IV　アートとジェンダー平等

最後に、私の趣味である美術の世界でのジェンダー平等についても少しだけ見ていきたいと思います。

こちらには、モディリアーニ、ミロ、マグリットなど、有名なアーティストの名前が並んでいますが、どういった方たちかお分かりになりますでしょ

---

14)　一般社団法人日本ベンチャーキャピタル協会　プレスリリース https://jvca.jp/news/40015.html　（最終閲覧日：2024 年 1 月 14 日）

うか。これは 2023 年 10 月にサザビーズやクリスティーズなどの世界的なオークションで高額で落札された作品トップ 10 のアーティストになります（2 作品入っている人もいますので 10 人ではありません）[15]。現在、アート市場は拡大し続けておりまして、特に欧米や中国の富裕層の間では、資産ポートフォリオの一角に取り入れられるむきもあります。このようにアートの世界も一大ビジネスとなっていますが、ここに並んでいるお名前は全員男性です。芸術作品の価値に男性も女性も関係ないのではないかと思われますが、男性アーティストの方が女性アーティストに比べて高く評価されているのです。高額なアートを所有するというのは権威のイメージと結びついているからなのかもしれませんが、圧倒的に男性優位の世界になっております。

　しかし、最近、美術の歴史から疎外されてきた女性アーティストに焦点を当てる動きが活発になってきています。古くは 1985 年にニューヨークで結成されたゲリラ・ガールズという匿名の女性アーティストグループがあります[16]。当時、ニューヨークのメトロポリタン美術館で、「女性アーティストの展示は、現代アートの展示の 3% しかない。展示されているヌードの 83%が女性だ」として現代アート界の男女格差を暴く動きがありました。

　それから時代を経まして、女性アーティストを再評価する動きが最近増えております。こちらにいくつか展覧会をピックアップさせていただきました。モンマルトル美術館の『Surréalisme au féminin?』はこの夏、パリに行ったとき見てきたのですが、20 世紀のシュールレアリズムの時代に活躍したにもかかわらず、アート市場では軽視されてきた女性アーティストの作品を展示した企画展で、こういった展示が世界的な動きになっているのだと感じております。東京国立近代美術館の『女性と抽象』展というのは、現在もや

---

15) Artnet "Top 10 Art Auction Prices in October" https://www.artnet.com/top10auctions/results.aspx （最終閲覧日：2023 年 11 月 14 日）

16) The Met "Do women have to be naked to get into the Met. Museum?" https://www.metmuseum.org/art/collection/search/849438 （最終閲覧日：2024 年 1 月 14 日）

っておりますので、もし興味のある方がいらっしゃいましたら、ご覧になっていただければと思います（2023年11月当時）。

V　ジエンダー格差克服のための行動

　では、ジェンダー格差の克服のために、私たちに何ができるのかを考えてみたいと思います。

　企業は多様な働き方を進めるために、子育てや介護との両立ができるよう時短勤務制度やフレックスタイム制を導入したり、定年退職後に嘱託社員として再雇用したりといった取り組みを行っています。ダイバーシティ研修や、メンタリング・プログラムなどを導入している企業も多いでしょう。しかし、なかなか効果は見られません。女性がメンタリング・プログラムをせっせと受けている間に、どんどん男性が出世していくということもあるようです。

　ここで、ジェンダー平等を実現するためのヒントになる書籍を1つご紹介したいと思います。イリス・ボネット著の「WORK DESIGN（ワークデザイン）：行動経済学でジェンダー格差を克服する」という本です。この本では、アメリカの5大オーケストラでの「ブラインド・オークション」という研究が紹介されています。どういったものかといいますと、演奏家の採用試験で審査員と演奏家の間をカーテンで仕切り、だれが演奏しているか見えないようにしたところ、女性演奏家が次の段階に進む確率が1.5倍上昇し、女性演奏家の割合が5％から35％に増えたというものです。この本からはいかに我々の日常が無意識のバイアスであふれているかということを再認識させられます。この1枚のカーテンの例のように、仕組みを変えることで、私たちの行動が変わり、男女間格差の是正につながるという非常に示唆に富んだ内容が含まれています。

　私がこの本を読んで思ったのは、どんなに育児休業制度や女性リーダーシッププログラムなどを拡充し、ダイバーシティ研修などを行ったりしても、知識としてそういったことを知っているということと、その知識に基づいて

行動を変えるということは全く違うということなのだということです。これは、どんなに素晴らしい制度があっても男性の育児休業の取得率が上がらないことや、長時間労働が是正されず、なかなか有給休暇の消化率があがらないことなどにも表れていると思います。皆さんの中にも、頭ではわかっているけど、なかなか実践できないということを経験したことがある方が多いと思います。それは、人間は知識として知っていることよりも、社会的な規範に動機づけられて行動することが多いからです。今日は家族と過ごすために早く仕事を切り上げて帰るのだと、朝決めていたにもかかわらず、いざ夕方になると残業してしまったことなどあるのではないでしょうか。これは「急な仕事であっても、引き受けられる」、「いつでも仕事に対応できる」ということが「社会人として仕事のできる人のあり方である」という社会規範に基づいた行動なのだと思います。

　人は社会規範に従って行動することで今日まで繁栄してきましたし、過去においては「男性は仕事、女性は家庭」という社会規範が合理的であった時期もあると思います。

　しかし、今、そのような社会規範は揺らいできております。性別分業型の社会から脱却し、男女とも、就労を通じて経済的に自立すること、仕事も家事・育児も夫婦で分け合うこと、多様性を受け入れる社会規範を浸透させること、そのための仕組みやデザインを作っていくことが大切だと考えます。

VI　最後に

　本日は、ジェンダー平等にフォーカスしてお話をしましたが、本来多様性というのは、女性支援や育児支援ばかりではないと思います。多様性というのは、あらゆる個性と個性が混ざりあいながら、他者を受容し、受け入れ、発想を高めあう状況や精神のあり方であるべきと考えます。既存のルールや規律を重視し大切なことを見落としたり、方針の違う人は組織から排除したりするということがなくならなければなりません。女性だから、男性だから、

とか、マジョリティ、マイノリティ、ということを意識せずに、一人一人を個として尊重する社会になり、「男女参画共同」ということ自体言わなくてもよい日がくるとよいなと思っております。

　本日のお話が、皆さまのご参考になれば幸いです。ご清聴いただきまして、ありがとうございます。

ビジネスとジェンダー平等

武蔵野大学法学研究所
ビジネス法務学　Onlineシンポジウム
2023年11月20日
弁護士　岩永　亜智加

はじめに：弁護士とジェンダー平等

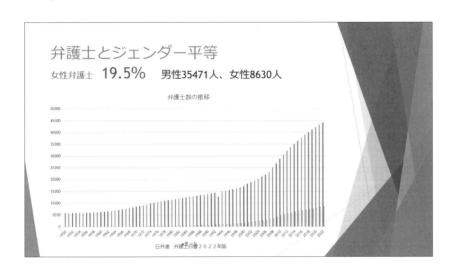

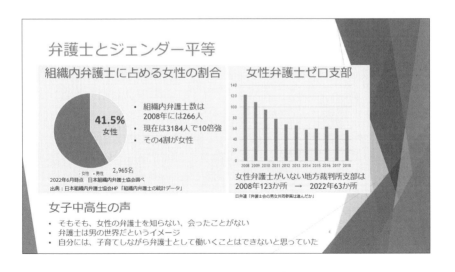

ジェンダーギャップ指数　2023年

- スイスの非営利財団「世界経済フォーラム」が公表
- 男性に対する女性の割合（女性の数値／男性の数値）
- 0が完全不平等、1が完全平等
- 「経済」「教育」「健康」「政治」の4分野で評価

日本は、146か国中125位

政治参画 （0.057）	経済参画 （0.561）
国会議員	労働参加率
閣僚	同一労働における賃金
最近50年における行政府の	推定勤労所得
長の在任年数	管理的職業従事者
	専門・技術者

順位	国名	値
1	アイスランド	0.912
2	ノルウェー	0.879
3	フィンランド	0.863
4	ニュージーランド	0.856
5	スウェーデン	0.815
30	カナダ	0.770
40	フランス	0.756
43	アメリカ	0.748
79	イタリア	0.705
105	韓国	0.680
107	中国	0.678
124	モルディブ	0.649
125	日本	0.647
126	ヨルダン	0.646
127	インド	0.643

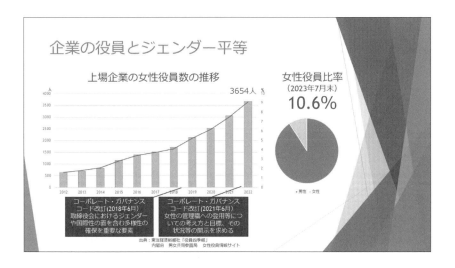

社内役員における女性の比率

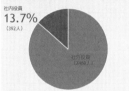

女性役員のうち社内役員の比率

社内役員
13.7%
（392人）

社外役員
（2460人）

社内役員に占める女性役員比率は2.5%

役員に占める兼務者の割合

- 女性役員に占める兼務者の割合は
  25.0%
- 男性役員に占める兼務者の割合は
  6.9%

株式会社日本総合研究所リサーチ・コンサルティング部門調べ
出典　株式会社日本総合研究所
市場会のジェンダーバランスについて（2022年度版）

育成・キャリア形成に時間を要する社内役員よりも、
まずは外部労働市場から招聘してくる
社外役員から女性役員の任用が進んでいる

最近のニュースから

社外取締役選定、女性など争奪戦　適任者不足の懸念
（日本経済新聞　2023年8月23日）

- 2021年改定のコーポレートガバナンス・コード（企業統治指針）には性別や国際性など多様性の確保も盛り込まれた。**大手運用会社の間では女性取締役ゼロの投資先企業に対し、総会議案に反対する動き**も広がる。一方で、企業が求める能力を備えた人材を見つけるのは簡単ではなく、「**社外取締役争奪戦**」の様相が強まっている。

社外役員兼任、前年比4割増　女性候補少なく　幹部育成急務に
（日本経済新聞　2023年9月19日）

- 取締役会の多様性を求める声が高まる中で、**女性の多重兼務が顕著**だ。
- 女性の社外役員で兼務をしているのは740人。全体（2432人）の30%が兼務をしている計算で、男性の同15%を大きく上回る。**3社以上の兼任者だと女性は246人で全体の10.1%**を占め、男性（同3.5%）の約3倍の比率だ。
- 女性で兼任者の顔ぶれを見ると、**目立つのは弁護士や会計士、大学教授**などの経歴だ。経営経験のある人材は多くない

社外取含めた研修制度を　企業統治の課題
（日本経済新聞　経済教室　2023年10月4日　ニコラス・ベネシュ会社役員育成機構代表理事）

- **欧米では**、取締役会の7～8割が財務・会計のスキルを有する。別に金融関係者や公認会計士を7～8割集めたのではなく、**多様な専門領域での経験を有する取締役が多い**ということだ。
- 米国などでは、例えば学部でコンピューターサイエンスを専攻後、大学院大学であるビジネススクールを経て投資銀行やコンサルティング会社で働いた後、IT（情報技術）領域などでの起業や就職を経るなど、**他分野も含めた転職を複数回遂げていくケースも珍しくない。転職社会ではない日本では、IT、金融、ESG（環境・社会・企業統治）**といった複数の専門領域を別個の組織で経験した独立取締役候補を探すのは、大きな困難を伴う

参考：議決権行使助言会社の議決権行使助言方針

米グラス・ルイス　2023 Policy Guidelines

- 2023 年 2 月開催の株主総会より、**プライム市場上場企業の取締役会には、最低でも 10%以上の多様な性別の取締役**を求める。この基準を満たさない場合、監査役会設置会社または監査等委員会設置会社では取締役会議長、指名委員会等設置会社では指名委員会委員長に対して、反対助言を行う。
- **プライム市場以外の上場企業には、現行のジェンダー・ダイバーシティの方針を引き続き適用し、多様な性別の役員（取締役・監査役及び指名委員会等設置会社における執行役）を最低 1 名求める。** この基準を満たさない場合、監査役会設置会社または監査等委員会設置会社では取締役会議長、指名委員会等設置会社では指名委員会委員長に対して、反対助言を行う。
- 上記基準を満たさない場合でも、ダイバーシティ促進に関する企業の開示情報を精査し、現状の不十分なダイバーシティに関する十分な説明、今後の改善計画や取組みなどが開示情報において確認できる場合、不十分なジェンダー・ダイバーシティを理由とする反対助言を控えることもある。
- ただし、2024 年 2 月 1 日以降に開催される株主総会からは、プライム市場上場企業は、この例外条項適用の対象から除外する。

米ISS　2023年版ISS議決権行使助言方針

- 監査役会設置会社においては、株主総会後の**取締役会に女性取締役が一人もいない場合**は、経営トップである取締役に対して反対を推奨する

11

2．管理職

12

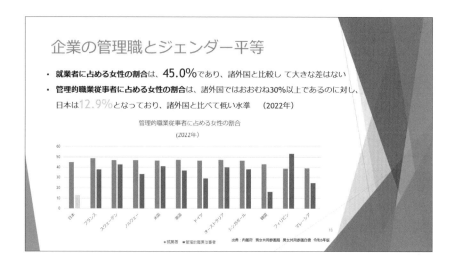

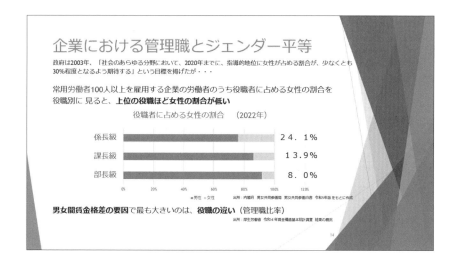

なぜ、日本ではリーダーシップ
ポジションについている女性が少ないのか

**男性中心の
企業風土**

- 男性の方が出世
  しやすい？
- 性別で業務内容
  が区別される？

**家事・育児との
両立が難しい**

- 家事・育児は女
  性がするもの？
- 女性の責任が増
  えて不安？

**ロールモデル
不存在**

- 働き続ける
  イメージがもて
  ない？

「急な出張も引き受けられる」「電話にいつでも対応可能」＝仕事ができる？

女性活躍推進法（2016年4月制定）

就労し、活躍したいという希望を持つすべての女性が、その個性と能力を十分に発揮
できる社会を実現することを目的

・労働力不足
・育児、介護を理由に働けない女性
・出産、育児により離職で非正規雇用となる女性が多い
・人材の多様化

企業に対して3つの取り組みが義務化

| 女性の活躍に関する状況把握・課題分析 | 行動計画の策定・届出・公表 | 女性の活躍に関する情報公表 |

※2022年4月改正で「労働者101人〜300人の中小企業」も対象に　引用：厚生労働省 女性の職業生活における活躍の推進に関する法律の概要

期待される効果

| 女性管理職比率の向上 | 採用や昇進機械の平等 | 仕事と家庭の両立 | ライフステージにあったキャリア形成 |

改正育児・介護休業法 （2022年4月より段階的に施行）

出産・育児による従業員の離職を防ぎ、希望に応じて男女とも仕事と育児
を両立できることを目的

- **出生時育児休業制度（産後パパ育休）＋育児休業の分割取得**
  子の出生後8週間以内に、最長4週間（28日）
  育児休業を2回に分割して取得可能

- **育児休業取得率の公表**
  常時雇用する従業員が1,000人を超える会社
  育児休業等の取得の状況を年1回、自社のホームページ等で公表

- **制度の個別周知・意向確認**
  取得を控えさせるような形で行ってはいけない

パタニティ・ハラスメント（パタハラ）

- 男性従業員が育児休業を取得したいと申し出たり、実際に取得したりした際に、上司や同僚からなされる嫌がらせ
- 約**4人に1人**が過去5年間でパタハラを経験している
  （厚生労働省　令和2年「職場のハラスメントに関する実態調査報告書」）

男性の育休取得については、**性別による固定概念や思い込み**が深く根付いている

長時間労働の是正、新しい雇用形態の採用など**多様な働き方**を認めること

女性ばかりでなく、**男性が抱えるジェンダー問題**にも踏み込んで考えること

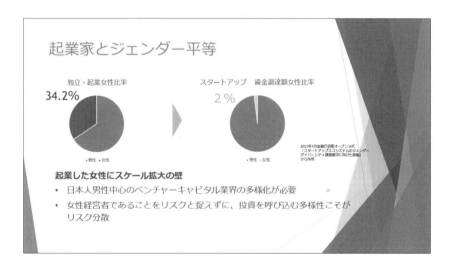

最近のニュースから

VC、人材多様化に注力　女性や外国人を増員

(2023年11月14日　日本経済新聞)

・ベンチャーキャピタル（VC）が長く課題に抱えていた多様性向上に注力し始めた。業界団体の日本ベンチャーキャピタル協会（JVCA）は12月末までに、女性や外国人などが幹部に占める割合の数値目標を立て、実現のための具体策を策定する。

・**日本のVC業界は日本人男性のキャピタリスト（投資担当者）を中心**に有望スタートアップの情報を交換し、投資先が決まる**「内向き体質」**と指摘されてきた。ファンド運営や投資の意思決定を担う幹部層は日本人男性が9割強を占める。

女性起業家の資金調達は困難

(2023年3月27日　日経ビジネス)

・日本ではスタートアップの資金調達額で上位50社のうち、**創業者か社長に女性を含む企業が手にした額は2%**しかない。**起業家に占める女性比率は34.2%**なので、もともとマイノリティーではある。それでも、会社を飛躍させようと思ったときに資金調達のハードルにぶつかっているのではないか。

21

アートとジェンダー平等

22

世界アート作品落札価格 トップ10 (2023年10月）

アメデオ・モディリアーニ	USD34.8百万
ジョアン・ミロ	USD21.9百万
フランソワ・グザヴィエ・ラランヌ	USD19.4百万
キース・ヴァン・ドンゲン	USD13.1百万
ジャン＝ミシェル・バスキア	USD12.7百万
ルネ・マグリット	USD11.8百万
張大千	USD11.0百万
ジェラルド・リヒター	USD10.8百万

出典：artnet "Top 10 Art Auction Prices in October"
https://www.artnet.com/top10auctions/results.aspx

23

アートとジェンダー平等

The Guerrilla Girls　1985年にニューヨークで結成
現代アート界の男女格差を暴く目的
"Do women have to be naked to get into the Met. Museum?"

▼

美術の歴史から疎外されてきたりした女性アーティストに焦点を当てる動き

▼

2019年　台北市立美術館「她的抽象（彼女の抽象）」展
2021年　森美術館「アナザーエナジー展：挑戦しつづける力ー世界の女性アーティスト16人」展
2021年　ポンピドゥー・センター「彼女たちは抽象芸術を作る（Elles font l'abstraction）」展
2023年　モンマルトル美術館「Surréalisme au Féminin?（女性的シュルレアリスム?）」展
2023年　東京国立近代美術館「女性と抽象」展

24

ジェンダー格差克服のための行動

25

WORK DESIGN(ワークデザイン):
行動経済学でジェンダー格差を克服する
What Works: Gender Equality by Design
イリス・ボネット (著)、 大竹 文雄(解説) 、池村 千秋 (翻訳)

アメリカの5大オーケストラでの「ブラインド・オーディション」

- 演奏家の採用試験で審査員と演奏家の間をカーテンで仕切り、だれが演奏しているか見えないようにした
- 1970年代以降、米国の多くの交響楽団が団員を審査する方法として採用
- 女性演奏家が次の段階に進む確率が**1.5倍**上昇
- 女性演奏家の割合が、オーディションの際に外見を見ずに判断することで、**5%**から**35%**に増えた

制度の拡充や知識だけでなく、
社会規範の変革による行動の変化が必要

26

企業の社会的責任と女性活躍—
「ビジネスと人権」の視点から考える

菅原絵美

I　はじめに

　皆さん、こんにちは。大阪経済法科大学の菅原です。本日は『企業の社会的責任と女性活躍—「ビジネスと人権」の視点から考える』というタイトルでお話しいたします。講演の中で、サプライチェーンという用語が出てきます。サプライ（供給）ですので、本来は原材料の調達、製造委託といった自社の製品やサービスが生産される流れ（上流）を指す用語ですが、現在では上流に加え、自社の製品やサービスがどのように使われていくか、最終消費者、さらにはその先のリサイクルや廃棄までの流れ（下流）を含む、企業の取引関係全体を指す言葉として使用されています。後ほどご紹介しますが、日本政府が2022年9月に「責任あるサプライチェーン等における人権尊重のためのガイドライン」を策定しましたが、そこでのサプライチェーンは広義で使われておりますので、混乱が起きないよう、本講演でも、広義で統一させていただきます。

II　「ビジネスと人権」の現在

　最近、「ビジネスと人権」という用語を耳にする機会も増えてきました。そのきっかけのひとつに、旧ジャニーズ事務所における性加害問題（以下、ジャニーズ問題とする）があります。被害者であるジャニーズ Jr. およびこれからジャニーズに入りたいという方に対する性加害が何十年間も繰り返されてきた問題です。BBCの報道をきっかけに、日本において関心が高まりました。たまたま時期を同じくして、国連ビジネスと人権作業部会の専門家による訪日調査があり、国連「ビジネスと人権に関する指導原則」（以下、指導原則とする）の観点からこの問題に指摘がなされました。旧ジャニーズ事務所の設置した再発防止特別チームの外部専門家らも、指導原則に基づいた再発防止策を求める調査報告書を発表し、旧ジャニーズ事務所はこれに従って対応していくという記者会見を行いました。こうして、「ビジネスと人権」という用語がなお一層知られることになりましたが、ジャニーズ問題において、そもそも何が問題であったのかという点を考える際に、いくつかポイントがあります。

　そのひとつが、なぜ長年繰り返されてきた未成年者に対する性加害という非常に深刻な問題が表に出てこなかったのかという日本社会における構造的な問題としての側面です。つまり、性加害といいますと特殊なケースに受け止められがちですが、性やジェンダーに基づくハラスメント・暴力のひとつです。この性やジェンダーに基づくハラスメント・暴力が日本社会のなかで深刻なものとして十分に受け止められてこなかったことが、ジャニーズ問題の根底にもあるのではないでしょうか。そのように考えますと、もちろんジャニーズ事務所に人権尊重の経営がなかったということ自体も非常に深刻ですが、そのジャニーズ事務所とビジネスをしてきた企業、例えばメディア各社、広告代理店、そのタレントを広告・宣伝に起用してきた企業などはこの性やジェンダーに基づくハラスメント・暴力の問題をどのように受け止めてきたのか、といったようなところが見えてまいります。このように「ビジネ

スと人権」という視点から考えることを通じて、企業の社会的責任と女性活躍という問題を考えてみたいと思っております。

「ビジネスと人権」という視点については、国連人権理事会において2011年に成立した指導原則が基礎になっています。指導原則は、90年代に企業の社会的責任（CSR）という動きが広がるなかで、「企業は人権尊重のために何をすればいいのか」という点に関心が高まり、まとめられた文書になります。

指導原則のポイントとして、第一に、企業活動が国境を超えて広がっていることから、国内基準ではなく、国際的な人権基準にのっとって、事業を展開していくということが求められていることがあります。

第二に、自社はもちろん、自社の取引先における人権侵害に対しても自社の責任が及ぶ、すなわち、冒頭にお話ししたサプライチェーンについても責任が及ぶということです。

では、企業が責任を果たすために一体何をしたらいいのかについて、マネジメントの枠組みを示したことが、第三のポイントになります。人権尊重を全社的に広げていくための方針を策定し、次に人権デューデリジェンスという、企業活動の中で人権侵害が起きていないかどうか、人権に負の影響が及んでいないかどうかについて、企業が能動的に予防するプロセスがあります。そして、企業が能動的に取組むとしても完全に予防することはできませんので、なにか問題が起きたときには被害を受けた本人から声を上げてもらう仕組み、是正・救済の仕組みをつくる、これらが国連の示した人権尊重のマネジメントの枠組みになります。

第一の点に国際的な人権基準に従うということがありますが、国連には人権条約の一つに女性差別撤廃条約があります。「ビジネスと人権」においても、ジェンダーの視点は非常に重要であるということが確認されています。

ここで、「ビジネスと人権」という視点を、歴史的に振り返ってみたいと思います。国連での議論の始まりは1970年代で、これは1960年代からの脱植民地化を受けてのことです。先進国の多国籍企業が、元植民地であった

途上国に進出していくなかで、多国籍企業の現地子会社による人権侵害・環境破壊等が問題になり、国連での議論が始まりました。さらに 90 年代になりますと CSR の考え方が広がっていきます。前述の 70 年代の議論では、現地子会社の行為に対して親会社は法的に責任を負わないことをいかに乗り越えていくかがポイントでしたが、90 年代の CSR ではサプライチェーン上の他社の行為に対する責任が問われるようになりました。当時、ナイキのスウェットショップ（搾取工場）問題に関心が向けられましたが、生産委託先という他社で起きている人権侵害に対してナイキ自身の社会的責任が問われました。

　このようにサプライチェーン上の取引先が入ってきますと、国境を越えて事業活動は広がっていますので、国内基準では不十分だということで、国際的に認められた基準が企業の行動基準であるという認識が広がっていき、ISO26000 をはじめとして確認されていくようになります。このような多国籍企業における親会社と子会社の法的責任をいかに乗り越えていくか、さらには CSR として取引関係はあるが他社であるという限界をいかに乗り越えていくか、こういったところの議論を受けて、先ほど紹介した指導原則が登場しました。

　さらに、もう一つの進展がありました。それは、2015 年の持続可能な開発目標（SDGs）の登場です。これまでの議論に加え、持続可能な社会を実現していくために、サプライチェーンを通じた人権尊重の確保が不可欠であるという考え方が定着してきています。

　この点について現代奴隷を事例に考えてみましょう。現代奴隷といえば、中国新疆ウイグル自治区で指摘される強制労働や 2013 年のラナプラザ縫製工場ビルの倒壊事件といった各国・地域での個別問題に焦点が当たりがちです。しかし、俯瞰して見てみますと、ILO 等の最新の統計によれば、世界の 150 人に 1 人は現代奴隷の状態にあるというのです。世界の 150 人に 1 人です。各社の従業員数やビジネス関係のある取引先の従業員数等を考えると、この数字は、決して遠い数ではないのではないでしょうか。

　このように、企業活動全体で、つまり自社のみならず、取引先を含めて、人権尊重やジェンダー平等を実現していかないと、SDGs の目標は達成することができません。SDGs では目標 5 がジェンダー平等、目標 8 が現代奴隷の禁止に関する目標になっていますが、こういった目標はサプライチェーンを通じた事業活動全体における人権尊重なくして達成できない、持続可能な社会づくりは達成できない、こういった危機感から、ビジネスと人権という問題が取り組まれるようになってきております。

　持続可能な社会を実現するためには、当然、持続可能な経済システムが必要になります。システムをつくるのは政府の役割ということで、ビジネスと人権に関する行動計画という国家の戦略文書の策定が広がっていきます。最近では、モンゴル、ベトナム、インドネシアとアジアでの策定が広がっています。加えて、サプライチェーンでの人権尊重に関して企業に義務を課そうとする法制定の動きも広がっています。こういった世界の動きを受けて、日本においても「ビジネスと人権」に関する政策が展開されており、2020 年に日本政府によって、『「ビジネスと人権」に関する行動計画』が策定され、これに基づいて、22 年 9 月には前述の日本政府ガイドラインが策定されました。また、公共調達においてガイドラインに基づいた人権尊重を求めていこうとする動きも出てきています。「ビジネスと人権」には、本日のテーマである女性活躍、ジェンダー平等も含まれています。

Ⅲ　ところで「人権」とは

　ここまで、「ビジネスと人権」について、人権そのものについては説明せずに話をしてきました。そこで、皆さんと「人権」について質問を交えながら考えていきたいと思います。ではさっそくですが、次の質問から始めます。「人権」と聞いて、何をイメージしますか。どんなイメージでも構いません。人権と聞いて、なにか一つイメージを持っていただきたいと思います。どんなイメージを描かれるでしょうか。たとえば、「差別」、または日本で訴訟が

展開されている「同性婚」、さらにロシア・ウクライナ紛争やパレスチナ紛争などから「難民・避難民」などをイメージされる方もいらっしゃるかもしれません。どんな問題でも構いませんので、一つ、心に人権のイメージを持っていただきたいと思います。

　さらに、皆さんが心に持ってくださっている人権のイメージに、質問を加えたいと思います。そこで問題となっているのは、「誰の何の権利」ですか。「ビジネスと人権」の話をしていて、あんまりしっくりこない場合は、実は人権のイメージというのが具体的になっていないことに原因があるかもしれません。例えば、人権を英語にすると、Human Rights と、最後に複数形の s が付いています。日本では、人権というと「思いやり」、「優しさ」ということがイメージされることが多いようですが、「ビジネスと人権」のベースとなっている国際的に語られている人権（Human Rights）は、複数形の s が意味するように、一つ、二つ、三つと数えられる具体的なものとして考えられています。つまり、生命への権利、身体の安全への権利、労働への権利、教育への権利など個別具体的な権利がまとまって人権と呼ばれています。「ビジネスと人権」という視点から考えるにあたり、人権を具体的に考えるには「誰の何の権利か」を問うことが助けになります。

　そこで、まず「誰の」権利かを考えてみると、企業活動に関して考えるわけなので、当然のことながら、「ステークホルダーの」権利ということになります。特に、企業活動と直接関わるステークホルダー、すなわち労働者、消費者、地域住民です。これらステークホルダーとは、ビジネスを通じて、取引先においてもつながりを持っているわけです。

　次に、「何の権利」かについて、先ほど私が挙げた生命への権利、身体の安全への権利などの権利があります。スライド 11 で挙げているこれらの権利は、国際的に認められた人権です。国際的な人権文書のひとつに世界人権宣言がありますが、世界人権宣言は Universal Declaration of Human Rights が正式名称であり、ここでいう「普遍的（ユニバーサル）」とは、どこで生まれても、誰であっても、人であれば当然認められるものということ

を意味します。当然、白人であれ、黒人であれ、黄色人種であれ、女性であれ、男性であれ、世界人権宣言に挙げられた人権が認められます。この点から、当然のことながら、異性愛であれ、同性愛であれ、家族を形成する権利も認められるわけです。先ほど日本では同性婚をめぐる訴訟が展開されているという話をしましたが、家族を形成する権利が普遍的な権利である、誰でもどこでも認められる権利であるということを、日本で再認識するプロセスが展開されているというふうに受け止めることもできます。

　こういうふうに考えていくと、従業員一人一人の業務、さらには企業の事業で人と関わらない業務・事業はなく、すべての企業活動は必ず人権とのつながりがあることがわかります。例えば、EU が 2013 年に中小企業向けのガイダンスを作っていますが、企業活動と人権のつながりを、15 のビジネスシーンから説明をしています。従業員を採用する場合から始まって、消費者に商品を直接販売する場合、取引先とビジネスをする場合などに、どのような権利と関わりがあるのかを示しています。ということは、当然のことながら、女性との関わり、女性の人権との関わりもあり、その人権尊重、さらにはジェンダー平等に取り組んでいくことに企業は直面しているのです。

IV　事業・業務における女性の活躍

　事業・業務と人、特に女性とのつながりを考えていくと、労働者としての女性、消費者としての女性、そして地域住民としての女性とのつながりがあり、企業はそのつながりのなかでどんな問題と直面しているのでしょうか。たとえば、消費者である女性の人権では、マーケティングに関して、男性であればエンジニア関係の工具を、女性であれば家庭商品といった形で、性別役割分業を強調したものである場合は、女性が情報を受けられなかったり、機会が限られてしまったりと、その人権にマイナスの影響が及んできます。また、地域での事業活動を考えると、地域の人々との意見交換では女性からの代表者が参加しているかも重要になります。

このように企業が事業・事業の中で、ジェンダー平等や女性の活躍に取り組んでいくことで、労働者、消費者、地域住民の人権尊重にインパクトが出てくる。企業活動を通じてジェンダー平等や女性の活躍への取組みを広げていくことが、社会を変える影響力になっていきます。

この点は、2019 年に発表された国連ビジネスと人権作業部会の報告書（A/HRC/41/43）でも取り上げられています。指導原則のためのジェンダー枠組として、ジェンダーに対応した評価、ジェンダーを変革する取り組み、そしてジェンダーを変革する救済の 3 つが提案されています。第一のジェンダーに対応した評価では、企業において取組みを展開するに当たって、まずは、男女別のデータ収集、交差性（複合差別）の考慮、女性の評価プロセスへの参加などを行っていくことが報告書では述べられています。

次に、ジェンダーを変革する取組みとして、男女やジェンダーによる格差が見えてきたらこれを変革する取り組みをどのように進めていくのかについて、会社としてジェンダー平等へのコミットメントを表明すること、経営判断をする際にジェンダー平等に何か悪影響はないかを確認することなどがあります。

さらに、ジェンダーを変革する救済として、女性が社会的により弱い立場に置かれて、被害を受けている可能性があり、そういったときには、専門家と協力して、必要な救済を提供していくということはもちろん、社会に根深く残った差別構造を変えていく仕組みづくり、社会づくりが重要になるといった議論が進められています。

V　おわりに

最後に、改めて「ビジネスと人権」の視点からジャニーズ問題を考えてみたいと思います。当該問題は、旧ジャニーズ事務所の元トップによる未成年者に対する性加害という問題ですが、その背景には、日本社会において、性やジェンダーに対するハラスメント・暴力が、深刻な問題であると十分に受

け止められてこなかったという構造的な差別があります。よって、旧ジャニーズ問題に「ビジネスと人権」の視点から取り組んでいくということは、ジャニーズ事務所に対してはもちろん、芸能事務所一般、さらには日本社会でビジネスを行う企業等と取引をする中で、性やジェンダーに対するハラスメント・暴力を認めない、ジェンダー平等を実現しようとすることを意味します。

「ビジネスと人権」の視点からの問題提起は企業に対してだけではありません。ステークホルダーとして、例えば投資家であるとか、消費者やファンの行動にも及びます。このように企業やステークホルダーの行動変容につながっていくことによって、持続可能な社会、ジェンダー平等の実現された社会がつくられていく、まさにトランスフォーム、変革的なうねりがつくられることになります。この点が、「ビジネスと人権」という視点から、ジェンダーや女性の活躍の問題を考えていくときの可能性であると考えており、本日はこの点を強調してお話をさせていただきました。ご清聴ありがとうございました。

今日の内容

1.「ビジネスと人権」の現在
2. ところで「人権」とは？
3. 事業・業務と女性活躍

注)本講演では、原材料や資源等の調達の流れのみならず、
　　販売、流通、消費、廃棄、投資などを含めた事業活動全体
　　を指す用語として「サプライチェーン」を使用する。

1.「ビジネスと人権」の現在

ジャニーズ問題を考える
- 8/4　国連ビジネスと人権作業部会の訪日調査での指摘：課題のひとつ
- 8/29 外部専門家による再発防止特別チーム「調査報告書」：指導原則に基づく再発防止策
- 9/7・10/2　ジャニーズ事務所による会見：「調査報告書」を基礎とした今後の取組み
- 何が問題であったのか

①日本社会における構造的問題としての「性加害」
　　⇒「性・ジェンダーに基づくハラスメント・暴力」「子ども・若者に対するハラスメント・暴力」という複合問題

②サプライチェーン（取引先）としての企業（メディア等）の責任
　　⇒取引先での人権侵害に対する助長・直接関連／最後の手段としての「契約解除」

③旧ジャニーズ事務所の責任：人権尊重経営の欠如
　　⇒人権方針・仕組み（相談・救済）がなかった、声があげられなかった

④ステークホルダーとしてのファン：投資家／消費者の責任（「つかう責任」）

⑤国（政府）の保護義務：予防、救済（国内人権機関（NHRI）設置を含む）の不十分さ

1.「ビジネスと人権」の現在

国連「ビジネスと人権に関する指導原則」（2011年）
①国家の人権保護義務
　　（域外的保護義務、国別行動計画（NAP）策定を含む）

②企業の人権尊重責任　　女性差別撤廃条約

- ○最低限の人権として「国際的な人権基準」を尊重する責任
　　⇒国家の義務とは独立に国際的な人権基準を尊重する責任
- ○自社の事業活動および関係性（サプライチェーン）が対象
- ○人権方針＋デューディリジェンス（DD）＋是正・救済のプロセス

　　※DD：人権影響評価、体制づくり、追跡評価、報告

③救済へのアクセス　（国家／企業／その他）

人権課題はCSR活動のなかで個々に取り組まれ、体系的にマネジメントとして取り組まれてこなかったことが問題

https://www.ohchr.org/sites/default/files/Documents/Issue
s/Business/BookletGenderDimensionsGuidingPrinciples.pdf

1.「ビジネスと人権」の現在

1970年代：先進国の多国籍企業が途上国へ進出
　　　　　⇒親会社の子会社への責任（①）
　　OECD多国籍企業行動指針（1976年）、ILO多国籍企業宣言（1977年）
　　多国籍企業による先住民族の権利侵害などが国連の関心事項に（1980年代）

シェルと先住民族（ナイジェリア）
http://platformlondon.org/tag/ogoni/

①多国籍企業をめぐる法制度を越えて
　例：コーポレートベール
　（子会社による人権侵害と親会社の責任）
　国家（受入国）による人権保障の限界

1990年代：企業の社会的責任（CSR）の広がり
　　　　　⇒取引先（サプライチェーン）への責任（②）
　　国連グローバル・コンパクト発足（2000年）／ISO26000（2010年）

人間の顔をしたグローバリゼーション
企業の行動基準＝
　　　国際的に認められた基準

2011年：国連「ビジネスと人権に関する指導原則」
　　　　⇒企業の人権尊重責任の登場

2015年：持続可能な開発目標（SDGs）の登場
　　　　新型コロナ（19年末～）からの「より良い復興」
　　　　気候変動（気候危機）への対応「公正な移行（Just Transition）」
　　　　ロシアによるウクライナ侵攻へ

ナイキと東南アジアの搾取工場（sweatshop）
https://www.businessinsider.com/how-nike-solved-
its-sweatshop-problem-2013-5

②自社グループを越えて、
取引先（サプライチェーン）への責任
企業の社会的責任（CSR）

1.「ビジネスと人権」の現在

たとえば…現代奴隷（Modern Slavery）

ILO等「現代奴隷制の世界推計」（2022年9月）
2017年9月の世界推計（2016年時点）と比べて22年9月世界
推計（2021年時点）では現代奴隷の被害者が1千万人増加。

各国・地域／産業での現代奴隷
バングラデシュ：ラナプラザ縫製工場ビル倒壊
中国新疆ウイグル自治区：強制労働
日本：外国人技能実習生への人権侵害

150人にひとり
＜　グローバル課題（200人にひとり）

事業活動(サプライチェーン)での人権尊重
＝持続可能な社会づくりに不可欠

武力紛争

現代奴隷

気候変動
Just Transition
（公正な移行）

気候変動とジェンダー平等
https://www.un.org/womenwatch/fea
ture/climate_change/

児童労働

ジェンダー差別
人種差別

ラナプラザ事故（2013）
現代奴隷
https://www.afpbb.com/articles/-/3050486

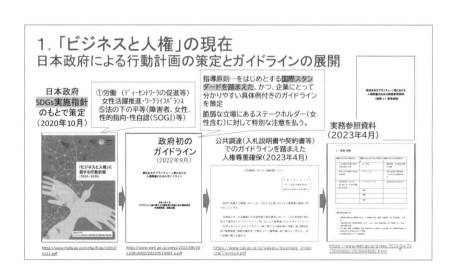

2. ところで「人権」とは

- 「人権（Human Rights）と聞いて何をイメージしますか？」
たとえば、現代奴隷、差別、同性婚、難民・避難民etc

誰の、何の権利ですか？

9

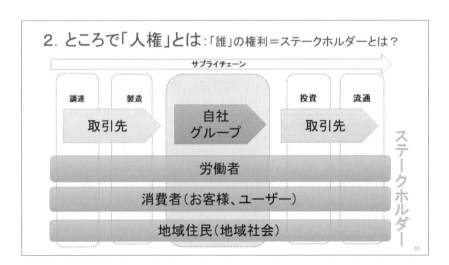

10

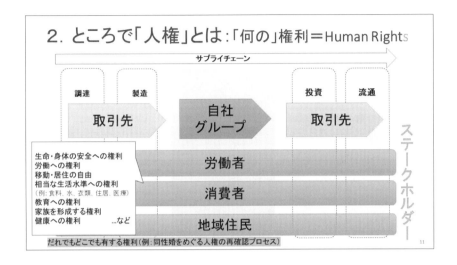

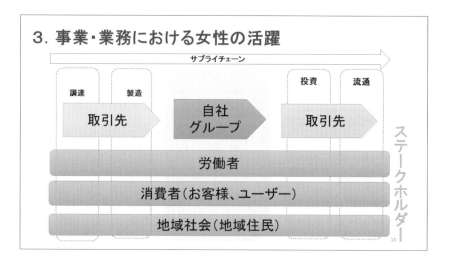

3. 事業・業務における女性の活躍

- 女性と「ビジネスと人権」の課題

労働者としての女性
　無報酬労働（家事・ケア労働）、セクハラ・ジェンダーに基づく暴力
　労働組合での女性の代表性、インフォーマル経済の担い手　など

消費者としての女性
　性別役割分業の強調、ステレオタイプ化
　広告における女性のイメージ　など

地域住民としての女性
　開発による女性差別の助長
　公害、気候変動、土地収奪での悪影響

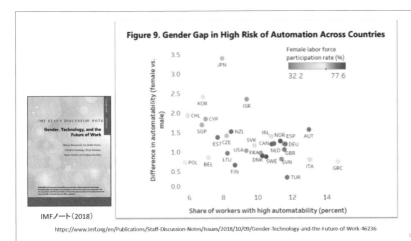

IMFノート（2018）

https://www.imf.org/en/Publications/Staff-Discussion-Notes/Issues/2018/10/09/Gender-Technology-and-the-Future-of-Work-46236

15

3. 事業・業務における女性の活躍

自社・サプライチェーン全体で
どのように取り組むのか

国連ビジネスと人権に関する
指導原則（2011年）

人権課題はCSR活動のな
かで個々に取り組まれ、
体系的にマネジメントとし
て取り組まれてこなかった
ことが問題

方針、DD、是正・救済の3プロセス

・企業の人権尊重責任として次の方針やプロセスを
実現　　サプライチェーン全体のすべてのステークホルダー

①人権尊重を盛り込んだ基本方針の表明

②人権への影響を特定、予防、軽減、説明する
　人権デューディリジェンスのプロセス
　　（相当の注意）
　　人権影響評価、体制づくり、追跡評価、報告

③人権への悪影響を是正・救済するプロセス
　グリーバンスメカニズム（相談窓口含む）

16

３．事業・業務における女性の活躍

・指導原則のためのジェンダー枠組（UNWG(2019)，A/HRC/41/43）

ジェンダーの視点から
法政策や取組みの評価・見直し
男女別データの収集
交差性（複合差別）の考慮
女性（およびジェンダー専門家）
の評価プロセスへの参加　など

ジェンダー平等へのコミットメント表明
人権の視点から女性のエンパワメント
女性への差別・ハラスメント・暴力
の撤廃への措置
専門家と取組みの実効性を検討
ステークホルダーと定期的なコミュニケーション
経営判断時のジェンダー平等　など

Gender-responsive assessment
ジェンダーに対応した評価

Gender-transformative remedies
ジェンダーを変革する救済

Gender-transformative measures
ジェンダーを変革する取組み

予防・補償・抑止となる救済の提供、救済にむけた女性団体・専門家との協力、
女性に対する差別構造を変え女性への暴力をなくす救済の提供、
女性に対する個別侵害・構造的問題への取組み、差別的立法改廃に向けた協働

17

おわりに

SDGsを前提とした、自社グループはもちろん、サプライチェーンにおける人権尊重を通じた持続可能な社会の実現

再び、ジャニーズ問題を考える

・8/4　国連ビジネスと人権作業部会の訪日調査での指摘：課題のひとつ
・8/29　外部専門家による再発防止特別チーム「調査報告書」：指導原則に基づく再発防止策
・9/7・10/2　ジャニーズ事務所による会見：「調査報告書」を基礎とした今後の取組み

・何が問題であったのか

企業活動・サプライチェーン全体での人権尊重？広報・マーケティングは？

①日本社会における**構造的問題**としての「性加害」

　⇒「性・ジェンダーに基づくハラスメント・暴力」「子ども・若者に対するハラスメント・暴力」という複合侵害

②サプライチェーン（取引先）としての企業（メディア等）の責任

　⇒取引先での人権侵害に対する助長・直接関連／最後の手段としての「契約解除」

③旧ジャニーズ事務所の責任：人権尊重経営の欠如

　⇒人権方針・仕組み（相談・救済）がなかった、声があげられなかった

④ステークホルダーとしてのファン：投資家／消費者の責任（「つかう責任」）

⑤国（政府）の保護義務：予防、救済（国内人権機関（NHRI）設置を含む）の不十分さ

18

ご清聴ありがとうございました。

2023 年11月20日(月)
武蔵野大学法学研究所ビジネス法務学Onlineシンポジウム
「企業の社会的責任と女性活躍：ビジネスと人権」
菅原絵美（大阪経済法科大学）
e-sugawara@keiho-u.ac.jp

19

ビジネスと女性のリカレント教育

髙梨博子

I　はじめに

　ただ今ご紹介いただきました、日本女子大学の髙梨博子と申します。本日はこのような貴重な機会をいただきまして、池田先生をはじめ、関係者の皆さまがたに心より感謝申し上げます。また、オンラインでご参加の皆さまには、お忙しい中、ありがとうございます。

　まず、簡単に自己紹介させていただきたいと思います。日本女子大学では、文学部英文学科で教育、研究にあたると共に、リカレント教育課程を所管する生涯学習センターの所長を務めております。専門分野は言語学、特に社会言語学や言語人類学で、日常会話や異文化コミュニケーションにおける対話を通じた価値創造について研究しております。カリフォルニア大学大学院博士課程に在籍していた期間と、博士号取得後にアメリカの大学で研究や教育にあたっていた期間を含め、アメリカの西海岸と東海岸に合わせて10年以上居住する中で、多様な人々が、それぞれの能力を発揮して活躍する社会を目の当たりにしてきました。社会人の学び直しを含め、そのとき、既にアメ

リカでは当たり前だったことが、日本社会では、今、ようやく意識に上がり、改革されようとしていると感じております。本日は、本学のリカレント教育課程の沿革や理念と共に、コースの特徴や成果についてお伝えし、今、日本において、女性活躍を推進するために求められるものは何かについて考えたいと思います。

II　リカレント教育について

　はじめに、「リカレント教育」とは何かについて簡単にご紹介しておきたいと思います。最近よく耳にすることばに、「リカレント教育」と「リスキリング」があると思います。どちらも、社会人になった後の生涯教育として、仕事に生かせる学び直しのことです。一般的には、「リカレント教育」が、学校教育からいったん離れた後も、それぞれのタイミングで学び直し、仕事で求められる能力を磨き続けていくことを意味する一方で、「リスキリング」は、働き方の変化を踏まえて、スキルアップのために学ぶことを指すことが多いようです。

　人生100年時代を迎え、それぞれのタイミングで人生を見つめ直し、新たな挑戦を志す女性が増えています。このような中で、政府においても、リカレント教育が重視されるようになってきております。2022年5月には、経済財政運営の指針となる骨太方針案が発表され、「人への投資」など、就労者の学び直し支援が盛り込まれ、6月に閣議決定されました。また、同年8月の中央教育審議会の振興方策にも、リカレント教育の推進が挙げられています。このように、近年、注目され始めているリカレント教育ですが、本学では2007年から、これまで17年にわたり、特に女性のためのリカレント教育に取り組んでまいりました。

Ⅲ　日本が抱えるジェンダーギャップの課題

　さて、池田先生や岩永様のお話にもありましたジェンダーギャップ指数ですが、日本は大変低いのが現状です。2023 年の日本の総合スコアは、146カ国中 125 位でした。ここ何年間かの推移を見ましても、スコア、順位共にほぼ横ばいで、先進国の中で最低レベルです。とりわけ、政治と経済における値が低くなっています。経済面では、労働参加率の男女比、同一労働における賃金の男女格差といった項目がありますが、各国がジェンダー平等に向けた努力を加速している中で、日本が遅れていることが見て取れます。

Ⅳ　日本女子大学の教育理念と「女性のためのリカレント教育」

　次に、本学の教育理念と、リカレント教育課程設立の背景についてご紹介いたします。本学のリカレント教育は、創立者成瀬仁蔵の生涯教育の理念に基づいています。成瀬仁蔵は、明治の時代、1890 年にアメリカに渡って教育学や社会学などを学ぶ中で、女子教育の必要性を強く感じました。そして帰国後、女子教育に対する理解を得ることが大変困難な当時の日本において、1901 年に、日本初となる女性のための総合大学を創立しました。成瀬の教育理念の根底にあるのが、自念自動です。これは、自ら考え、自ら行動することを意味します。また、成瀬は生涯を進歩の過程とし、「幾歳になっても青年の様な旺な精神を以て益々奮闘して境遇を開いて行く」ことが大切であるとして、生涯教育を通じた人格形成を唱えました。

　本学は、このような創立者の理念の下に 1901 年に設立され、その 7 年後には女子大学通信教育会が立ち上げられました。そして、2007 年には、社会人の再教育と再就職を実現するためのリカレント教育課程が、日本の大学で初めて開講されました。

Ⅴ　日本女子大学リカレント教育課程について

1. 沿革

　さて、本学のリカレント教育課程の沿革ですが、2007年に文部科学省の社会人の学び直しに関する委託事業に採択されてから、これまで17年にわたり、女性のためのリカレント教育を実施してまいりました。2010年に委託事業が終了した後も、生涯学習センター内に組織編成をして、本学独自の運営を続けてまいりました。2016年には、政府の「働き方改革実現推進室」、そして「人生100年時代構想推進室」へ事例報告の機会をいただき、2017年には内閣府男女共同参画局より「女性のチャレンジ支援賞」を受賞しております。

　政府や省庁、文京区や企業等との連携も拡充させてまいりました。2018年には、東京商工会議所と「女性のための新たな学び・再就職支援に関する覚書」を取り交わし、主に中小企業との連携を強化しています。また、2019年から、社会構想大学院大学を代表校とする文部科学省の実務家教員COEプロジェクトに参画して、リカレント教育における実務家教員の育成にも取り組んでいます。こうした活動が認められ、2021年には、東京都から「女性活躍推進大賞」を受賞いたしました。

2. 講演・取材等

　本学のリカレント教育の取り組みにつきましては、これまでさまざまなメディア、政府、官公庁、自治体、企業、教育機関などの団体にご関心を持っていただき、視察、ヒアリング、取材などを受けてまいりました。最近の報道では、昨年（2022年）、読売新聞の『教育ルネサンス　学び直し』の特集で取材を受け、「女性の活躍を後押しする教育機関」として、7月の記事に掲載されました。今年（2023年）は、10月開講の「DX人材育成コース」について、開講前に日本経済新聞に取材していただきました。その内容が8月の記事に掲載された際には、「女性のキャリア形成を広げる機会を提供し

たい」という私のコメントも紹介されました。また、講演に関しては、今年（2023年）8月に、京都府主催の「京都学び直し体感フェア 2023」で「学び直し」について講演させていただき、パネルディスカッションにも参加しました。

3. 組織

　本学のリカレント教育課程は、学内外から構成される事業組織の中で運営を行っています。学内組織としては、リカレント教育委員会の上に、学長、理事長などで構成する生涯学習センター運営委員会があり、全学を挙げて生涯学習に力を入れています。学外では、省庁、自治体、企業などに委員になっていただき、第三者評価や意見交換を行う仕組みとしています。

4. 学外との連携

（1）他大学との連携

　2019年度には、本学が会長校となって「女性のためのリカレント教育推進協議会」を発足させ、大学間での連携も図っております。この大学間での連携事業として、これまで文部科学省の事業に採択され、シンポジウムやフォーラムの開催を通じて普及啓発活動を展開してまいりました。今年度（2023年度）も事業採択され、代表校の京都女子大学、福岡女子大学、本学の三つの女子大学で連携して、社会人女性のための「マネジメント入門コース」を10月に開講しました。また、先ほどもお話ししましたように、社会構想大学院大学を代表校とする文部科学省の「実務家教員 COE プロジェクト」に参画して、リカレント教育における実務家教員の育成にも取り組んでいます。

（2）企業や団体との連携

　地域や企業とも連携して活動しております。文京区との連携事業では、本コースの再就職支援にかかわる事業を実施しています。先ほど、東京商工会

議所との連携についてご説明しましたが、東京商工会議所を設立した渋沢栄一は、本学の創立者成瀬仁蔵の女子教育の理念に深く共鳴し、創立に協力して、第三代校長も務めました。そのご縁もあって、2018年には、東京商工会議所と「女性のための新たな学び・再就職支援に関する覚書」を締結しております。

VI　本学リカレント教育課程の三つのコースについて

　次に、本課程の三つのコースについてお話しいたします。2007年の設立当初から継続している「再就職のためのキャリアアップコース」では、大学卒業後に就職した後、育児や進路変更などで離職した女性が、一年間の学びを通して、知識や技能と共に、働く自信や責任感も身につけられるコースで、再就職支援を実施しております。次に、2021年に開講し、今年（2023年）で三年目となる「働く女性のためのライフロングキャリアコース」では、情報管理や管理会計に関する知識などの科目を通して、ビジネススキルを身につけると共に、人材育成の理論、プレゼンテーションなどの科目で、組織におけるリーダーシップやコミュニケーション力も養います。三つ目として、今年（2023年）10月に開講した「次世代リーダーを目指す女性のためのDX人材育成コース」は、あらゆる業界や職種に関わるICT関連の知識を把握し、スキル・マインド共に、DX推進チームの中核を担える人材を育成します。

1.「再就職のためのキャリアアップコース」

　まず、再就職のためのキャリアアップコースについて、もう少し詳しくお話ししていきます。このコースでは、自らのキャリア設計について考える「キャリアマネジメント」、英語やITスキルなどを必修科目とするほか、「消費生活アドバイザー資格準備講座」、「マーケティングマネジメント」など、多彩なビジネス関連の選択必修科目を取りそろえています。

これまでに、さまざまな大学出身の700名以上の方が学ばれました。入学者の年齢は20代から60代と幅広く、平均年齢は40歳ほどです。当課程に入学する前の属性としては、2016年の女性活躍推進法の施行を境に、入学直前まで正社員、あるいは非正社員として働いていた方が増えました。コース修了後は、就職希望者のうち97.6%と、ほぼ全員が就職されています。就職された方のうち約4割が正社員、また、約3割がフルタイムの非正規雇用です。非正規雇用の方は、ジョブチェンジをして未経験のために非正規からスタートするケース、あるいは、まだお子さまが小さいなどの理由から、残業を希望しないケースが多いようです。就職以外の進路としては、大学院に進学するなど、さらなる学びにチャレンジする方もいらっしゃいます。

就職先の業種は多岐にわたっています。直近三年間の実績では、情報通信業界に就職する方が増え、教育関係に進まれる方も多くいらっしゃいます。職種に関しましては、事務職が多い傾向にあります。年齢が40歳ぐらいの女性が、事務職において正社員やフルタイムで再就職する方が多いということは、世間の就職状況から見ても、学びの効果と言えます。

このコースでは、再就職支援の一環として、対面とオンラインで企業説明会を開催しています。ご参加いただく企業さまには、女性のキャリアや、本学受講生の学ぶ姿勢について、よくご理解いただいております。企業さまの声としては、「向上心にあふれる方がそろっている」、「良い人材に出会えた」などの評価をいただいております。

受講の動機としては、「再就職に対する自信をつけたい」、「自分の働き方を考える機会を持ちたい」といった声があります。また、コース修了後には、「自らつかみ取る場所となった」、「一歩を踏み出すことの大切さを学んだ」、「良き仲間に巡り会えた」といった感想が聞かれます。

2.「働く女性のためのライフロングキャリアコース」

次に、「働く女性のためのライフロングキャリアコース」についてご紹介いたします。このコースは、2018年の文部科学省に採択された「女性の学

びとキャリア形成・再就職支援を一体的に行う仕組みづくりとニーズ調査によるリカレント教育モデル構築のための実証事業の実施」をもとに設計したものです。ニーズ調査の結果、英語やIT、プレゼンテーションやビジネススキルを学びたい方が多いことが分かり、この結果をプログラムに反映させました。そこで、カリキュラムには、ビジネス英語や情報処理演習、プレゼンテーションのほか、マーケティングなどのビジネススキル科目をそろえて選択科目としました。また、選択必修科目としては、生涯にわたって働き続けるための「ライフロング・キャリア・デザイン」や、女性のライフスタイルに沿って起業を考える科目を設置しました。

　受講生は20代から60代までと、幅広い年齢の方が学んでおり、平均年齢は43.8歳です。入学時の雇用形態については、正社員比率が78.6%と、正規の方が多い傾向にあります。経営者や管理職の方も3割近くいらっしゃいます。働く女性コースは全てオンラインで行われるため、居住地域は日本全国、さらには海外からも受講生が集まっています。このように世代や居住地域、さらには職業や立場を超えた、さまざまな受講生と交流できることも、受講生にとって大きな魅力となっているようです。働きながら、無理なく継続できるカリキュラムや時間設定も、うまく機能しているようです。

　受講の動機としては、「管理職を目指したい」、現在管理職の方が「管理職として体系的に学びたい」、また、「オンライン授業で仲間と一緒に学びたい」などの声が多く聞かれます。

　修了後の感想としては、「オンライン授業でも少人数でのディスカッションなどのワークが多く、プレゼンスキルを磨くことができた」、「学んだことを実務に生かして結果を出すことができた」、などの声が聞かれました。

3.「次世代リーダーを目指す女性のためのDX 人材育成コース」

　最後は、今年（2023年）10月に開設した「次世代リーダーを目指す女性のためのDX 人材育成コース」です。このコースは、文部科学省令和4年度の補正予算の採択を受けたもので、潜在的な DX 人材不足を解消するために、

リスキリングによる DX 推進人材の育成、デジタル分野における女性のリーダーシップ推進、ジェンダーギャップの解消、地方創生への支援などを目的としています。

　対象とする受講者のイメージとしましては、主に三つ挙げられます。まず、現在管理職に就いているが、IT の知識が不足していることから、体系的に学んで DX 推進の全体像を把握したいという方。次に、近い将来に管理職を目指しており、最先端のデジタルスキルを獲得すると共にマネジメント面についても学ぶ意欲のある方。そして、将来、責任のあるキャリアを構築したいと考えている若手人材で、IT には比較的抵抗がなく、業務の自動化や効率化に関心がある方です。

　DX 人材育成コースの授業は、働く女性コースと同様、全てオンラインですので、平日夜間と土曜日にどこからでも受講できます。データサイエンスなどのデジタルスキルのリスキリングと共に、女性のリーダーシップやキャリア形成についても学べるプログラムとなっています。

　このコースの受講生の受講の動機としましては、「DX の活用に向けてまだ手探りの部分があるので、体系的に学ぶことでスキルを向上させたい」、「デジタル対応力を持つ女性リーダーとなる基礎力を習得したい」、「同じような思いを持つ社外の女性たちと知り合い、研鑽していきたい」など、スキルとリーダーシップの習得と、社外の働く女性との交流を望む声が多く聞かれます。

VII　さいごに

　本日は、日本女子大学のリカレント教育についてお話しさせていただきましたが、女性活躍が遅れている日本のビジネス界において、女性のためのリカレント教育の役割は大きいのではないかと考えています。「社会人の学び直し」はジェンダーを問わず必要ですが、ジェンダーギャップが大きな課題である日本のビジネス界においては、「女性のためのリカレント教育」が効

果的な側面があるのではないでしょうか。「女性のためのリカレント教育」
を通じて、女性たちは、女性が直面している就労面での課題把握や解決策の
模索のほか、女性のライフステージに合わせたキャリア形成を考えたり、社
外での女性同士のネットワークを作ったりできるのではないかと思います。

　リカレント教育における大学の役割としては、実務スキルと合わせて、「体
系的かつ理論的に学べるアカデミックな教育を提供できる」ということです。
さらに、女子大学である本学としましては、女性のマネジメント力やリーダ
ーシップ育成の教育を提供していきたいと考えています。

　また、学び直しのための教育の充実と共に、産官学連携による普及啓発活
動が必要と考えます。多面的な連携を通して、社会人の学び直しに対する社
会全体の意識高揚と、環境整備に貢献していきたいと思っております。

　最後に、多様な学び直しの機会の提供が必要ではないでしょうか。日本で
は、現在、多様なバックグラウンドや働き方、人生設計に対応した新たな学
びが求められています。本学では、これまで時代のニーズを踏まえてカリキ
ュラムをアップデートしてまいりましたが、これからも多様化するニーズを
把握しながらリカレント教育の拡充を図り、社会で働く女性たちをバックア
ップしていきたいと考えております。ご清聴、どうもありがとうございまし
た。

2023年11月20日（月）武蔵野大学法学研究所
「ビジネス法務学Onlineシンポジウム」

ビジネスと女性のリカレント教育

日本女子大学 生涯学習センター
髙梨博子

リカレント教育とリスキリング

生涯教育

- リカレント教育
  - 学校教育からいったん離れたあとも、それぞれのタイミングで学び直し、仕事で求められる能力を磨き続けていくこと
  - 社会人や求職者、失業者などが知識や技術を高めるために教育機関で学んだり、社内研修で能力を磨いたりすること
- リスキリング
  - 職業能力の再開発、再教育
  - 働き方の変化により、今後新たに発生する業務に役立つスキルや知識を習得をするための学び

日本女子大学 リカレント教育課程
JAPAN WOMEN'S UNIVERSITY THE RECURRENT EDUCATION PROGRAM

政府のリカレント教育支援の強化

- 2021年12月　「新しい資本主義」のもと、内閣官房「教育未来創造会議」発足

- 2022年5月　「骨太方針」案、成長・分配戦略「新しい資本主義」実行計画案の発表、6月に閣議決定

- 2022年8月　文部科学省「中央教育審議会 今後の生涯学習・社会教育の振興方策」

日本女子大学 リカレント教育課程
JAPAN WOMEN'S UNIVERSITY THE RECURRENT EDUCATION PROGRAM　　　3

ジェンダー・ギャップ指数2023

日本女子大学 リカレント教育課程
JAPAN WOMEN'S UNIVERSITY THE RECURRENT EDUCATION PROGRAM

内閣府男女共同参画局ホームページより
https://www.gender.go.jp/international/int_syogaikoku/int_shihyo/index.html　　4

日本女子大学創立者 成瀬仁蔵の生涯学習理念

三綱領 信念徹底 自発創生 共同奉仕

「自念自動」（自ら考え、自ら行動する）

「教育の目的は人格を作るにあり」

「立派な人格とは毎日新しい人間に生れ変る人である。生涯を進歩の過程とし、新しい知識を求め、生きた経験を積み、幾歳になっても青年の様な旺な精神を以て益々奮闘して境遇を開いて行く人である。」

創立者 成瀬仁蔵
(1858-1919)

日本女子大学 リカレント教育課程
JAPAN WOMEN'S UNIVERSITY THE RECURRENT EDUCATION PROGRAM

日本女子大学の生涯教育のあゆみ

社会人の再教育と再就職を実現するための大学初のリカレント教育課程として開講

- 1901年　日本女子大学校創立
- 1908年　女子大学通信教育会立ち上げ
- 1948年　家政学部通信講座設置認定
　　　　　（児童・食物・生活芸術科）
- 1949年　日本女子大学通信教育部開講
- 1950年　大学通信教育として認可
- 1995年　西生田生涯学習センター設置
- 2001年　生涯学習総合センター設置（目白）
　　　　　札幌・福岡サテライト運用スタート
- 2007年　家政学研究科に通信教育課程
　　　　　家政学専攻開設
　　　　　リカレント教育課程開設
- 2008年　日本女子大学生涯学習センター開設
- 2012年　札幌・福岡サテライト運用終了

日本女子大学 リカレント教育課程
JAPAN WOMEN'S UNIVERSITY THE RECURRENT EDUCATION PROGRAM

日本女子大学リカレント教育課程の沿革 1/2

2007年	9月	文部科学省「社会人の学び直しニーズ対応教育事業委託」採択 「リカレント教育・再就職システム」として開講
2007年	12月	改正学校教育法 大学等における「履修証明制度」創設
2008年	4月	履修証明プログラムとして本学の課程に設置 東京商工会議所・リカレント教育課程共催「学内合同会社説明会」開催 （主婦等、離職した社会人女性のための企業とのマッチングの機会）
2010年	3月	「社会人の学び直しニーズ対応教育事業委託」期間終了 生涯学習センター内に組織変換し 本学独自の運営を開始
	4月	全学委員会「リカレント教育委員会」発足
2016年	4月	文部科学省「職業実践力育成プログラムBP」講座開始 厚生労働省「専門実践教育訓練講座」開始
2016年	10~ 12月	「働き方改革に関する総理と現場との意見交換会」出席 厚生労働大臣室訪問
2017年	3月	自由民主党本部「働き方改革に関する特命委員会」説明 第4次産業革命「人材育成推進会議（第4回）」説明
2017年	6月	内閣府男女共同参画局「平成29年度 女性のチャレンジ支援賞」受賞

日本女子大学リカレント教育課程
JAPAN WOMEN'S UNIVERSITY THE RECURRENT EDUCATION PROGRAM

7

日本女子大学リカレント教育課程の沿革 2/2

2017年	11月	10周年シンポジウム開催
2017年	12月	経済再生担当大臣視察
2018年	5月	東京商工会議所「女性のための新たな学び・再就職支援に関する覚書」を締結
2018年	8月	文部科学省「平成30年度 男女共同参画推進のための学び・キャリア形成支援事業における実証事業」採択
2019年	4月	文京区「中小企業人材確保・採用拡大支援事業」連携
2019年	10月	文部科学省「平成31年度 持続的な産学共同人材育成システム構築事業」 ～ Society5.0時代の高度技術人材育成による産学連携促進に向けて ～ 委託事業名「実務家教員COEプロジェクト」採択
2019年	12月	「女性のためのリカレント教育推進協議会」発足 本学は初代会長校
2020年	5月	文部科学省「女性の多様なチャレンジに寄り添う学びと社会参画支援事業」
2021年	4月	普及啓発事業に採択（2年連続）
2021年	1月	東京都女性活躍推進大賞（教育部門）受賞
2021年	4月	既存コースを名称変更「再就職のためのキャリアアップコース」
2021年	6月	「働く女性のためのライフロングキャリアコース」開講
2023年	10月	「次世代リーダーを目指す女性のためのDX人材育成コース」開講

日本女子大学リカレント教育課程
JAPAN WOMEN'S UNIVERSITY THE RECURRENT EDUCATION PROGRAM

8

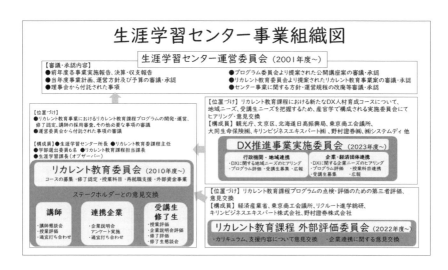

生涯学習センター事業組織図

生涯学習センター運営委員会（2001年度〜）

【審議・承認内容】
- 前年度各事業実施報告、決算・収支報告
- 当年度事業計画、運営方針及び予算の審議・承認
- 理事会から付託された事項
- プログラム委員会より提案された公開講座案の審議・承認
- リカレント教育委員会より提案されたリカレント教育事業案の審議・承認
- センター事業に関する方針・運営規程の改廃等審議・承認

【位置づけ】
- リカレント教育事業におけるリカレント教育課程プログラムの開発・運営、修了認定、講師の採用審査、その他必要な事項の審議
- 運営委員会から付託された事項の審議

【構成員】●生涯学習センター所長　●リカレント教育委員会主任
●学部選出委員6名　●リカレント教育課程担当課長
●生涯学習課長（オブザーバー）

リカレント教育委員会（2010年度〜）

コースの募集・修了認定・授業科目・再就職支援・外部資金事業

ステークホルダーとの意見交換

講師	連携企業	受講生修了生
・講師懇談会 ・授業評価 ・適宜打ち合わせ	・企業説明会 ・アンケート実施 ・適宜打ち合わせ	・授業評価 ・企業説明会評価 ・修了評価 ・修了生懇談会

【位置づけ】リカレント教育課程における新たなDX人材育成コースについて、地域ニーズ、受講生ニーズを把握するため、産官学で構成される実施委員会にてヒアリング・意見交換
【構成員】観光庁、文京区、北海道日高振興局、東京商工会議所、大同生命保険㈱、キリンビジネスエキスパート㈱、野村證券㈱、㈱システムディ 他

DX推進事業実施委員会（2023年度〜）

行政機関・地域連携	企業・経済団体連携
・DXに関する地域ニーズのヒアリング ・プログラム評価・受講生募集・広報	・DXに関する企業ニーズのヒアリング ・プログラム評価・授業科目連携 ・受講生募集・広報

【位置づけ】リカレント教育課程プログラムの点検・評価のための第三者評価、意見交換
【構成員】経済産業省、東京商工会議所、リクルート進学総研、キリンビジネスエキスパート株式会社、野村證券株式会社

リカレント教育課程 外部評価委員会（2022年度〜）

・カリキュラム、支援内容について意見交換　・企業連携に関する意見交換

女性のための
リカレント教育推進協議会

2019年12月
　日本女子大学・関西学院大学・明治大学・福岡女子大学・京都女子大学
　京都光華女子大学の6大学で発足

2020年に山梨大学、2023年に椙山女学園大学が加盟し、現在8大学

2019〜2021年度
　会長・幹事校：日本女子大学　坂本清恵　生涯学習センター所長

2022年度〜現在
　会長・幹事校：京都女子大学　中山玲子　地域連携研究センター長

発足時のシンポジウム

文部科学省　令和5年度「女性の多様なチャレンジに寄り添う学びと社会参画支援事業」

ウィミンズカレッジ（KNF）連携プログラム（京都女子大学・日本女子大学・福岡女子大学）

マネジメント入門コース

自信を育み、
新たなステージへ。

学んで、
変わろう

月2回程度のオンライン（オンデマンド）でマネジメントの基礎を学ぶことができます。（2023年度のみ受講料無料）

11

文部科学省事業・地域連携・企業連携への参加機会

「持続的な産学共同人材育成システム構築事業」「実務家教員COEプロジェクト」2019〜2023年度

実務家の模擬授業を58回実施

参加受講生・学生・大学院生者延べ人数
評価教員（本学教員、リカレント担当講師）延べ人数

	模擬授業実施回数	参加受講生数	評価教員数
2019年度	7	57	37
2020年度	18	192	120
2021年度	16	147	103
2022年度	9	84	72
2023年度	8	70	64
累計	58	550	396

「平成30年度男女共同参画推進のための学び・キャリア形成支援事業」

「女性の学びとキャリア形成・再就職支援を一体的に行う仕組みづくりとニーズ調査によるリカレント教育モデル構築のための実証事業」の実施

文京区連携「中小企業人材確保・採用拡大支援事業」

都内初、日本女子大学のリカレント教育
受講者の就労及び文京区内の中小企業の人材確保を支援

その他企業等との連携

・東京商工会議所
・野村證券株式会社
・大同生命保険株式会社

日本女子大学 リカレント教育課程
JAPAN WOMEN'S UNIVERSITY THE RECURRENT EDUCATION PROGRAM

12

日本女子大学リカレント教育課程　3コース（履修証明プログラム）		
再就職のための キャリアアップコース	働く女性のための ライフロングキャリアコース	次世代リーダーを目指す 女性のためのDX人材育成 コース
短期大学・4年制大学を卒業し、就労経験のある女性	高等学校卒以上（短大・大学・大学院）または大学受験資格を有する 就労中・就労経験のある社会人女性	
280時間（1年間）	63時間（8カ月間）	65時間（5カ月間）
オンライン授業と対面授業の混合型 オンライン（月・火・土） 対面授業（水・木・金）	全てオンライン授業（Zoom、オンデマンド） 平日夜間、土曜日午前から選択	
・再就職支援あり （職業紹介、カウンセリング、企業説明会等） ・入学試験（書類、英語・PCテスト、面接） ・文部科学省「職業実践力育成プログラム」BP認定 ・厚生労働省「専門実践教育訓練給付金講座」指定	・再就職支援なし ・入学試験（書類、オンライン面接） ・文部科学省「職業実践力育成プログラム」BP認定 ・厚生労働省「特定一般教育訓練給付金講座」指定	・再就職支援なし ・入学試験（書類、オンライン面接） ・文部科学省　令和4年度「成長分野における即戦力人材輩出に向けたリカレント教育推進事業」採択事業 ・PC貸与あり ・修了証オープンバッジ発行
大学卒業後に就職し、その後育児や進路変更等で離職した女性に、高い技能・知識と働く自信・責任感を身に着けてもらい、再就職を支援	女性のリーダーシップ能力育成のための講座として、情報管理や管理会計に関する基礎知識を習得し、人材育成の理論やプレゼンテーションといった組織の中でリーダーシップを発揮するための成長を促すビジネススキルを提供	あらゆる業界、職種、役職に携わるICT関連業務のサマリーを把握し、リーダーシップを発揮でき、DX途上にある企業・団体・地域におけるDX推進チームの中核を担い、社会で活躍できる意識をもった人材を育成

13

再就職のためのキャリアアップコース

日本女子大学 リカレント教育課程
JAPAN WOMEN'S UNIVERSITY THE RECURRENT EDUCATION PROGRAM

14

「再就職コース」カリキュラム

必修科目 130時間
・キャリア形成（40時間）　「キャリアマネジメント1・2」
・英 語（40時間）　「総合英語／ビジネス英語」（履修免除あり）
・ITスキル（40時間）　「ITリテラシー1・2」（履修免除あり）
・日本語（10時間）　「日本語コミュニケーション論」

選択必修科目
・ 企業会計・簿記
・ 社会保険労務士準備講座（社会保険法等）
・ プレゼンテーション
・ 消費生活アドバイザー等準備講座（消費生活相談員）
・ マーケティングマネジメント
・ 記録情報管理士資格準備対策講座
・ 貿易実務検定対策講座

選択科目
●学部提供科目
●通信教育課程提供科目

企業連携プログラム寄付授業
●大同生命保険会社
　オンデマンドコンテンツ
●野村證券講座

日本女子大学 リカレント教育課程
JAPAN WOMEN'S UNIVERSITY THE RECURRENT EDUCATION PROGRAM
15

「再就職コース」受講生に関するデータ（1～25回生 2023年4月まで全入学者 713名）

入学実績
165大学・大学院

大学院 21名 2.9%
日本女子大学 160名 22.4%
他大学 532名 74.6%

出身者数上位の大学
（日本女子大学以外、出身者数の多い順）

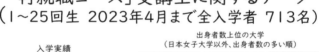

1 慶應義塾大学	16 共立女子大学	慶應義塾大学大学院
早稲田大学	17 神戸大学	東京大学大学院
3 東京女子大学	国際基督教大学	横浜国立大学大学院
4 立教大学	専修大学	桜美林大学大学院
5 日本大学	玉川大学	お茶の水女子大学大学院
6 上智大学	東京外国語大学	九州芸術工科大学
明治大学	立命館大学	熊本大学大学院
8 学習院大学	23 実践女子大学	国際基督教大学大学院
9 フェリス女学院大学	成蹊大学	埼玉大学大学院
10 法政大学	聖心女子大学	玉川大学大学院
11 青山学院大学	大東文化大学	筑波大学大学院
12 同志社大学	津田塾大学	東京工業大学
13 中央大学	東洋英和女学院大学	東京農業大学大学院
14 跡見学園女子大学	獨協大学	名古屋大学大学院
明治学院大学		明星大学大学院
		早稲田大学大学院

日本女子大学 リカレント教育課程
JAPAN WOMEN'S UNIVERSITY THE RECURRENT EDUCATION PROGRAM
16

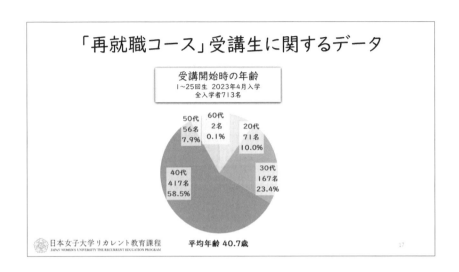

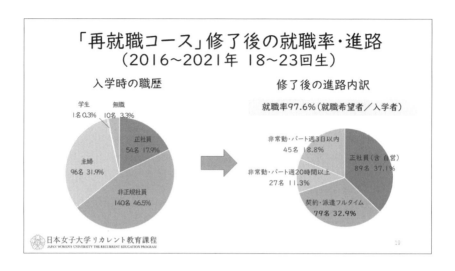

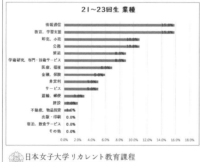

企業説明会参加企業の声

- キャリア、知識を持ち、社会経験豊富な方と直接面談できる機会となった
- プログラミングまでは求めていないが、ITスキルの高い女性を採用できる機会となった
- 自ら受講料を支払い、学ぼうという向上心にあふれる方が揃っている
- 挨拶、礼儀など非常にしっかりしており、優秀な方が多い
- 英語力の高い人材に出会えた
- ネットで募集するよりも、短時間で優秀な人材に出会える
- 人材の宝庫である
- 氷河期世代の採用を検討していたところ、良い人材に出会えた

日本女子大学リカレント教育課程
JAPAN WOMEN'S UNIVERSITY THE RECURRENT EDUCATION PROGRAM

「再就職コース」受講生の声

受講の主な動機

- ビジネスに関する新たな学びをして、再就職に対する自信をつけたい
- 10年後の自分の生き方・働き方を考える機会を持ちたい
- 就職氷河期に社会に出て非正規雇用で働いてきたので正社員として就職したい
- 育児休業中にブラッシュアップしたい

修了後の感想

- かけがえのない宝物、自らつかみとる場所
- 一歩踏み出すことの大切さ、人生観が変わった
- この年齢になって、良き仲間に巡り会えた事が何も代え難いものとなった
- 一年後は入学前と違う自分になれた

日本女子大学リカレント教育課程
JAPAN WOMEN'S UNIVERSITY THE RECURRENT EDUCATION PROGRAM

働く女性のためのライフロングキャリアコース

設立の背景〜2018年度の取り組み

■文部科学省
「平成30年度男女共同参画推進のための学び・キャリア形成支援事業」に応募、採択

■受託事業名
「女性の学びとキャリア形成・再就職支援を一体的に行う仕組みづくりとニーズ調査によるリカレント教育モデル構築のための実証事業の実施」

■事業内容
社会人女性・企業を対象とするニーズ調査、調査結果に基づく実証事業の開催

■実行委員会
本学リカレント教育課程、東京商工会議所、東京労働局、鳥取県、文京区、豊島区、名古屋大学、中高年齢者雇用福祉協会（アンケート協力：京都女子大学、青山学院女子短期大学）

●調査結果
●社会人女性
　主婦／パート・アルバイト／正社員
　モニター調査　　回答 930名
　実行委員会によるアンケート調査 回答 931名
●企業アンケート調査　回答 239社

●報告会
●2019年2月24日 東京ウィメンズプラザ
　全国女性会館協議会主催 パネル展示10団体
　パネルディスカッション採択団体：4団体
　本学リカレント教育課程、公益財団せんだい男女共同参画財団
　国立大学法人富山大学、大阪市男女共同参画のまち創生協会
●2019年2月28日 文部科学省
●2019年3月1日　本学報告会
　参加者：文部科学省、実行委員会、企業、他大学、本学関係者

リカレント教育における社会人女性の学びのニーズ

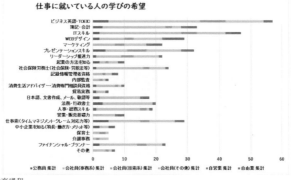

地域	回答者数(人)	%
北海道	57	6.1
東北地方	64	6.9
関東地方	325	34.9
中部地方	154	16.6
近畿地方	181	19.5
中国地方	35	3.8
四国地方	28	3.0
九州地方	86	9.2
全体(人数)	930	100.0

仕事に就いている人の学びの希望

日本女子大学 リカレント教育課程
JAPAN WOMEN'S UNIVERSITY THE RECURRENT EDUCATION PROGRAM

出典:文部科学省 平成30年度男女共同参画推進のための学び・キャリア形成支援事業
「女性の学びとキャリア形成・再就職支援を一体的に行う仕組みづくりとニーズ調査によるリカレント教育モデル構築のための実証事業の実施」

「働く女性コース」カリキュラム

	科目名	単位数	備考	
選択必修	女性のライフスタイルと起業	0.5	ここから1科目(1単位)以上	修了要件 合計6.5単位
	メンタルヘルス・マネジメント(セルフケア)	1		
	ライフロング・キャリア・デザイン	1		
	人材育成の導入理論	1		
選択	働く女性のためのブラッシュアップ金融経済講座	0.5	選択	
	マーケティングマネジメント	2		
	市場調査論	2		
	Business English 1・2	各1		
	プレゼンテーション	1		
	管理会計の基礎	2		
	情報処理演習　　　　　＊オンデマンド授業	1		
	ITリテラシー3(Access)　　＊オンデマンド授業	1		

日本女子大学 リカレント教育課程
JAPAN WOMEN'S UNIVERSITY THE RECURRENT EDUCATION PROGRAM

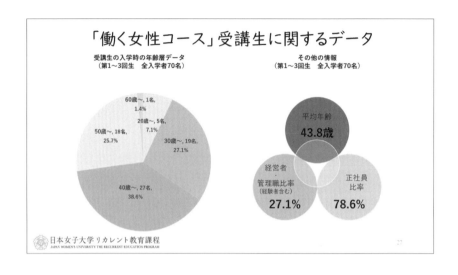

「働く女性コース」受講生の声

受講の主な動機

・ 管理職を目指したい
・ 管理職として体系的に学びたい
・ オンデマンドではない、オンライン授業で仲間と一緒に学びたい
・ 首都圏在住ではないので、オンラインコースで学びたい

修了後の感想

・ 少人数でのディスカッションなどのワークが多く、プレゼンスキルを磨けた
・ 講義で学んだことを実務に生かして結果を出し、査定で高評価を得た
・ 普段会うことのできないような人と出会える場
・ 基礎から理論的に学べてよかった。

日本女子大学 リカレント教育課程
JAPAN WOMEN'S UNIVERSITY THE RECURRENT EDUCATION PROGRAM

29

次世代リーダーを目指す女性のための DX人材育成コース

日本女子大学 リカレント教育課程
JAPAN WOMEN'S UNIVERSITY THE RECURRENT EDUCATION PROGRAM

30

プログラムの目的

文部科学省
「令和4年度 成長分野における即戦力人材輩出に向けた
リカレント教育推進事業」採択事業

- 潜在的なDX人材不足の解消
- リスキリングによるDX推進人材の育成
- デジタル分野における女性のリーダーシップ推進
- ジェンダーギャップの解消
- 地方創生への支援

日本女子大学 リカレント教育課程
JAPAN WOMEN'S UNIVERSITY THE RECURRENT EDUCATION PROGRAM

31

対象とする受講者

- **A人材【現在マネージャー】**
  マネジメント関連の経験は十分にあるが、IT 知識の不足により、DX 推進の全体像を把握するために、DX について体系的に学びたい人材

- **B人材【マネージャー候補】**
  ITスキル・DX への見識はあるが知識が先端ではなく、今後は1つ上の視座を獲得したいと考えており、マネジメント関連を学ぶ意欲のあるマネージャー候補の人材

- **C人材【キャリア意識の高い若手人材】**
  ITに抵抗がなく、自動化や効率化に関心があり、生産性も高い。将来は責任あるキャリアを構築したいと考えている若手人材

日本女子大学 リカレント教育課程
JAPAN WOMEN'S UNIVERSITY THE RECURRENT EDUCATION PROGRAM

32

プログラム概要

- 応募資格：高等学校卒以上（短期大学・大学・大学院）または大学受験資格を有する
　　　　　　就労中・就労経験のある社会人女性
- 修了要件：65時間（6.5単位）
- 授業形式：すべてオンライン授業（Zoom、オンデマンド）
- 授業時間：平日：19:00〜20:40、土曜日：1時限、2時限
- 授業期間：2023年10月〜2024年2月（5ヵ月）
- 科目構成：選択必修2科目、自由選択11科目
- カリキュラム：

- その他：修了証オープンバッジ発行、学内施設利用、PC貸出、交流イベント開催、
　　　　　本学LMS使用

日本女子大学 リカレント教育課程
JAPAN WOMEN'S UNIVERSITY THE RECURRENT EDUCATION PROGRAM

修了要件 6.5単位（65時間）

	番号	科目名	授業回数	単位数	分類
選択必修	A01	DX科学技術概論	3	0.5	DX知識
	A02	DXシステム概論	3	0.5	
自由選択	B01	ICT概論とAI社会	6	1	ICT概論
	B02	情報セキュリティ（情報セキュリティマネジメント試験）	6	1	
	B03	ビジネスフレームワーク（女性のリーダーシップ）	6	1	ビジネススキル
	B04	ファシリテーション（組織行動論、女性のリーダーシップ）	9	1.5	
	B05	プレゼンテーション	3	0.5	
	B06	DX推進事例研究1・2〜プロジェクト運営・DX推進のためのプランニング〜	9	1.5	シミュレーション
	B07	アンケート調査設計と分析　統計解析演習	6	1	データ処理
	B08	Power Platform演習	6	1	ツール学習
	B09	Pythonで学ぶプログラミング	12	2	プログラミング
	C01	コミュニケーションとメンタルヘルス	6	1	キャリア形成
	C02	人材育成の導入理論【働く女性コースとの共通開講】	6	1	

日本女子大学 リカレント教育課程
JAPAN WOMEN'S UNIVERSITY THE RECURRENT EDUCATION PROGRAM

「DXコース」受講生の声

受講の主な動機

- DX推進が社内でも打ち出しされるようになり、新しいツールの導入も進んでいるが、まだまだ活用に向けて手探りの部分がある。体系的に学ぶことでスキル向上を実現したい
- 職場のDX推進に貢献できる即戦力になると共に、今後のキャリアにおいてもデジタル対応力を持つ女性リーダーとなる基礎力を修得したい
- 勤務先に女性の管理職が非常に少なく、リーダーを目指す女性を対象としている本コースでリーダーとして活躍できる女性のあり方について学びたい
- 自律的なキャリア開発、自己啓発を通じて、自身を高め、リーダーシップを発揮する行動につなげたり、同じような思いを持つ社外の女性たちと知り合い、相互研鑽していきたい

日本女子大学 リカレント教育課程
JAPAN WOMEN'S UNIVERSITY THE RECURRENT EDUCATION PROGRAM

さいごに

① 女性活躍推進のための「女性のためのリカレント教育」

②「実務スキル」とあわせた「アカデミックな教育」、「女性のマネジメント力・リーダーシップ育成の教育」の展開

③「学び直し」の教育の充実と、産官学連携による普及啓発活動

④ 多様なバックグラウンド・働き方・人生設計の考え方に対応した新たな学びの機会づくり

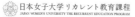
日本女子大学 リカレント教育課程
JAPAN WOMEN'S UNIVERSITY THE RECURRENT EDUCATION PROGRAM

ライフイベントをハンデにしない
女性フリーランスという働き方

青山直美

　青山直美と申します。よろしくお願いいたします。池田先生の最初のお言葉、岩永先生、それから髙梨先生のお話とは打って変わりまして、かなり色物（イロモノ）的な、箸休めのような時間となると思います。タイトルを『ライフイベントをハンデにしない女性フリーランスという働き方』としており、まるでライフイベントを上手にこなして、のびやかに、しなやかに女性フリーランスという働き方を謳歌している女性が出てくるかと期待されるかもしれませんが、残念ながら全く違います。ライフイベントに翻弄され続けた、「負け犬の遠吠え」のような話をさせていただければと思いますので、学生の皆さま、それからお聴きの皆さまには、今までの先生方とは180度違った劣等生の話を、ぜひ気楽に聞いていただければと思います。

I　自己紹介

　軽く自己紹介させていただきますと、1966年生まれ、埼玉県出身。地元の公立高校を卒業して、慶應法学部に入学。卒業後はまず最初に東芝という

会社に入りました。次に、イーライフというネットベンチャーに４年間おりました。そして、スタイルビズという会社を設立しました。ですから、本日はフリーランスという立場でのお話をさせていただきますが、基本的にはイーライフを卒業し独立した 2004 年が、私のフリーランス人生のスタートラインだったと言えるでしょう。

　現在はイズミという広島の会社（スーパー）の社外取締役と、アスクルという会社（オフィス向け通販）の社外取締役をさせていただいております。先ほど岩永先生もおっしゃっていましたが、今、政府は、女性の取締役を2025 年までに最低１人、2030 年までに３割をと、東証プライム市場上場企業に要求しています。このような状況の中で、外部の女性が手っ取り早いというわけだけではないのでしょうが、私も社外取締役を２社兼職させていただいております。私たち女性の社外取締役としても、何よりも大事なのは社内の女性をどうにか取締役に、もしくは、その手前の執行役員ですとか本部長クラスに引っ張り上げること。どうにか実現しようと、それぞれの会社で努力しているところです。

　2023 年５月から「情報経営イノベーション専門職大学」と、非常に長い名前の大学の客員教授をさせていただいております。私は IT ですとか、e コマース、DX が専門分野ですが、その分野での協会や連絡会の顧問・フェローなどもさせていただいております。また、面白いところでは慶應の仲間と「地方創生三田会」というものの理事をさせていただいていたり、広島県のフェリーでしか行けない大崎上島（おおさきかみじま）という離島に空き家を買ったことから、大崎上島町 PR サポーターなども拝命しております。

II　本日の流れ

　まず、本日の話は、「女性のキャリアに立ちはだかるライフイベントとは具体的になんなのか？」を追って説明させていただきます。その次に「フリーランスは本当にライフイベントの壁を乗り越えられるのか？」ということ

をまとめさせていただいており、次に「フリーランスを豊かにするための
TIPS」をいくつかご紹介しつつ、最後に「フリーランスを巡る環境トレンド」
でまとめとさせていただければと思います。

Ⅲ　女性のキャリアに立ちはだかるライフイベントとは

1.　ライフイベントの種類（資料　3ページ）

　まず、女性のキャリアに立ちはだかる、もちろん男性女性にかかわらずラ
イフイベントはあるのですが、現実的には、どうしても女性が背負いがちな
四つのライフイベントを見ていきたいと思います。まずは育児、そして介護、
自身の闘病、家族の闘病、この4つが非常に大きいライフイベントとして
あげられるでしょう。本日は学生の皆さまが、たくさんお聞きになっていら
っしゃると思いますが、まだまだ皆さま、介護や闘病などというのは非常に
遠くに感じられるかもしれません。たとえば私は今、育児が終了し、介護に
直面しつつあるというのが現状です。

　少子高齢化で、男女かかわらず、この4つのリュックというものは重く
なっていると言えましょう。兄妹が少なくなり、実際、私も一人っ子ですが、
親の介護といったときには、どうしても自分だけが背負わなければいけなく
なっています。また育児で、自分の兄妹に助けてもらいたいなというような
ときも、少子化ではままなりません。重いリュックを、つまり負担を分け合
うということが、なかなかできなくなっているということが、最近の課題で
はないかなと思います。

　ケア。子どものケアは育児といわれますし、親のケアは介護といわれます。
それから、自分自身が闘病だったり、うつになったり、がんになったり、様々
なことがあると思います。また、配偶者などのパートナーも常に健康という
わけではないと思います。

2. 育児というライフイベントと就業（資料　4ページ）

　ケアと仕事の両立は、全ての人の問題でありながらも、現実的には、女性に負担の大きな部分を背負わせているのではないかなと思います。では本当にそうなのか？という疑問をもったときに、例えば育児ですが、内閣府の令和5年に公表された『男女共同参画白書』の21ページのグラフを御覧ください。このグラフを見ると、平成元年では、それまで仕事をしていた人のうち、第1子を授かったときに育児を理由として退職する人が61％いました。それが令和元年では、30％となりました。半分近くに減ったと言っていいのか、いまだに子どもを授かったことによって退職する人が3割もいるというふうに思うのか、これは考え方が分かれるところだと思いますが、私は「まだ3割も辞めてしまうのだ」と正直ショックでした。私が子どもを出産したのは1998年なんですけれども、その頃はまだ職場では、出産後会社を辞める人、復帰して仕事を続ける人、半々ぐらいのイメージでしたが、四半世紀たった今でも、現実には3割の人が辞めざるを得ない、もしくは辞めるという意思決定をするということですね。

　先ほど岩永先生も言及されたように、男女雇用機会均等法や、働き方を巡る多数の法律が改正されたり、新設されたりと、ルールの面では育児に対してサポーティブになってきてはいます。また育児は女性だけが背負うものではなく、男性も一緒にシェアするものだというふうになってきてもいます。ただし、ルールは簡単に変えられるけれども、意識はなかなか変えられないというのが現実なのかなと思います。変化はありながらも、まだ女性が背負う部分というのは、現実的に多いというのが現状でしょう。

　そして、両立を選択しても、どうしても可処分時間というものが減ってしまうということで、女性に、体と心に負担が大きくなってきてしまうというのも問題です。ワンオペだったり、産後うつだったり、マタハラ（マタニティハラスメント）だったり、育児を巡る課題についてさまざまな言葉を耳にするようになりました。私が育児と仕事の両立で、一番つらかったのは、出世したいなという主事・主任適齢期と、出産適齢期というのがちょうど合っ

てしまうということで、出産し、そして産休を取ったことで、「青山さんは主任にはなりたくないのかな」というふうに思われてしまう。つまり、簡単な仕事しか与えてもらえなかったりとか、いわゆるマミートラックといわれるように、路線変更させられてしまう。自分が偉くなりたい、それから本当は責任ある仕事をしたいのに、それが与えてもらえなくなるということが非常につらかったです。そのように、まだまだ育児と仕事と、それから仕事でもっとキャリアをアップしたいということの両立・三立というのは、なかなか難しいのかなとは思いました。今はだいぶ環境も変化したとは思いますが、私の頃はまだまだそのような厳しい側面がありました。

IV　フリーランスはライフイベントの壁を乗り越えるか？

1．フリーランスの現状とバリエーション（資料　5ページ）

　ではフリーランス、本当にライフイベントの壁を乗り越えるのかということです。基本的にはフリーランスという言葉、法的には特に定義はないのですが、"個人の力量で、仕事を業務請負契約で受ける働き方"ということとされています。内閣官房の発表では日本では462万人いらっしゃるということです。労働力人口6,900万人のうち、大体7%弱が、フリーランスとして仕事をしているということ。大きな分類としては、正社員の副業なども、グレーゾーンではありながらも入ってくるかもしれません。それから、個人事業主。また。法人化されていても1人会社で誰も雇用していないというような人は、一応フリーランスということで受け止められているようです。

2．個人的キャリアとライフイベント（資料　6ページ）

　フリーランスが本当にライフイベントの壁を乗り越えるかということですが、それを私の人生で振り返らせていただきますと、就職して6年後の28歳で結婚しました。結婚したときに、通販に関するホームページを個人で開設しました。これが一つ、今で言う副業といえるかもしれません。その後、

31歳で出産して、育休中、時間がありましたので、消費生活アドバイザーの資格を取得しました。これは今でいうところのリスキリングかなと思います。それから、99年、32歳のときに職場復帰して、そのときに衝撃的な体験で、出社しましたら、机と椅子がなくて、「青山さん、きょうから出社だったね。ごめん、その辺に座っといて」と言われたんですね。そのときに、自分の居場所というのは自分で努力しないと簡単になくなってしまうんだなという強烈な体験をしました。

　育児休職後、なかなか仕事を与えてもらえない。せっかく子どもを保育園に預けているのに、自分でやりたいと思った仕事をなかなか与えてもらえなくて、消化不良みたいになっていたわけですね。副業も本格的に開始したということで、33歳でネットベンチャーに転職しました。非常に忙しい会社だったんですけれども、部下がうつ気味になってしまったということで、産業カウンセラーの資格を取ったりもしました。

　ネットベンチャーには4年間おりました。2004年に私はフリーランスという道に入るんですけれども、このきっかけというのが「小1の壁」。小1になると、保育園のように長く子どもを預かってくれないんです。娘が行っていた保育園は夜の8時まで預かってくれたのに、小学校に上がると学童保育になるのですが、娘の学童は6時までの預かりだったんですね。この2時間というものが非常に厳しくて、それを機に独立しました。独立後、割ととんとん拍子にいろんなお仕事をいただきまして、43歳のときに娘の受験というものがありましたので、少し仕事のペースを落として、そこでもファイナンシャルプランナーの資格を3級、2級と、とんとんと取りまして、仕事と知識の幅を広げました。

　2015年くらいから父が認知症を発症しまして、介護というほどしてないんですけれども、父の心配もしながら、大阪の千趣会という会社の社外取締役をやりました。ここから5年は心身ともに結構きつい日々でした。2020年にコロナが始まりました。フリーランスで仕事をしていますと、基本的に会社員のように雇用が安定しているわけではなく、本当にびっくりしたんで

すけれども、八つぐらいプロジェクトをやっていたんですけれども、五つぐらい、プロジェクトがなくなってしまいました。フリーランスというのは厳しいなというのを痛感させられました。2021 年の春からイズミという広島のスーパーの社外取締役としての仕事が始まり、夏に父が亡くなったことで母の"見守り以上介護未満"のような状況も始まり、2022 年からアスクルの社外取締役も受けており、2023 年には娘が独り立ちしました。社外取締役 2 社、育児が終わり、母のケアが始まりつつあるというのが現在です。

　フリーランス稼業を 2004 年から 20 年近くやっていますけれども、社外取締役みたいな仕事というのは有期。1 年だったり、2 年だったり、任期がきちんとあるわけですけれども、フリーランスの仕事は毎月コンサルタントなどでミーティングをして、その終わりにいきなり切られることもあります。この 20 年、経済的には不安定だったなと思います。

3. 育児ハック（資料　7 ページ）

　よくライフハックという言葉を使いますが、育児をどういうふうに乗り越えるかということで「育児をハックする」と言いますと、社会環境としては、今、男性の意識がかなり変化してきたなということで、子育ては共同作業という共通認識ができつつあります。それから、制度や社会の考え方というのも変化してきたかなと思います。

　課題としては、習い事や受験などの対応というのが、経済的な負担や送り迎えなどの物理的な作業も含めて、大きいかなと思います。どのように対処するかといったら、なるべく他人の力を借りて、可処分時間を増やしていくということが一つ、ハックの方法としてはあるのかなと思います。特にプレゼンなどの大きな仕事のときには、あらかじめ、子どもが熱を出す前提で、母の手当てをしておくなんていうことをしておりました。フリーランスとしては、そもそも育児をしている女性というのは非常に多いわけなので、マーケティングなどの場面で、共感視点というものを活用させていただいたり、あと子どもはいつ風邪をひいたりするか分からないのでリスクヘッジ能力と

いうのは身に付いたのかなと思います。

4．介護ハックと闘病ハック（資料　8・9ページ）

　介護ですとか闘病というものは、皆さんが直面するのはまだまだ先ですので飛ばさせていただきます。ただ一言だけいえば、フリーランスは替えが利かないので、闘病が一番つらいかなと正直思います。私は、非常にありがたいことに体は健康なので、そういう場面は今のところはないですが、友人たちで非常にこれで苦労しているケースもあるようです。

5．ライフイベントにおける会社員（正社員）とフリーランス（資料　10ページ）

　表にして、正社員とフリーランス、どのように違うかといいますと、フリーランスが一番厳しいのが収入の安定性ではないかなと思います。安定させるためには、かなりの努力が必要になってきます。あと、時間の融通という面では、基本的にフリーランスは正社員よりは融通が利くかなと思うんですけれども、闘病といったときには仕事を休まざるを得ない、休むと仕事ができない、つまり収入が入らないということに直結しますので、その意味では、融通が利くような、利かないようなということだと思います。調整はできるが、休暇がなく、代替がないというのが非常に厳しいところかなと思います。最近、企業はさまざまな休暇制度があります。企業努力されているなと思うんですけれども、多少、人事考課には関わるかもしれません。休暇ばかり取っていらっしゃる方というのが、順調に出世されるかというと、そういう方ももちろんいらっしゃるんですけれども、全員ではないかなとは思います。ただ、ストレスという面では、フリーランスは自己決定権というものがありますので、常に自分の人生のハンドルを握っているという意味では、ストレスは少ないかなと思います。

6．フリーランスがライフイベントを乗り越えるための課題（資料　11ページ）

　フリーランスがライフイベントをハンデにしないための課題としては、「経

済的な安定性」と「時間の融通」がトレードオフであることを認識すべきです。経済的な安定性を最優先に考えるならば、大企業の一員になるとか資格というものを持ってお仕事をされるほうがいいかなと思います。また、ライフイベントが重なってしまうようなとき、介護と育児が重なるとか、それに自分の闘病も重なる、などに備えたリスクヘッジというのも必要かなと思います。あと、大震災やコロナのような重大不可避の災害というものは、自分の力で対応しないといけないです。そういう大災害は、仕事やプロジェクトを切る言い訳、口実に使われてしまうので、そういう意味では、そういうこともきちんと踏まえた上で、フリーランスになっていただくということが重要かなと思います。

　ただ、今は、補助金ですとか給付金が多数出てきておりますので、公的なヘルプにアンテナを張っていただくということも必要かなと思います。フリーランス保護新法というのができまして、施行待ちではありますが、まだまだ十分ではない部分もありますので、行政ですとか政治が、もっとフリーランスをバックアップしていただければなと思います。

V　フリーランスを豊かにするための TIPS

　フリーランスを豊かにするための TIPS を僭越ながらご紹介したいと思います（資料　12 ページ）。

1.　準備期間が重要

　これは男女問わず、それからフリーランス／正社員に関係ないかもしれませんが、準備期間が非常に重要かなと思います。潜在顧客というか、縁を広げるということです。

2.　肩書きを自分で作る

　肩書きを自分で作るぐらいの気概も必要かなと思います。私は"お取り寄せコーディネーター"とか、"お取り寄せコンシェルジュ"とか、いろいろ作った記憶があります。

3．公的な肩書も

　私は"お取り寄せコーディネーター"みたいな仕事もしておりましたが、何よりも消費生活アドバイザーの資格を取ったということが、非常に役に立ちました。硬軟あわせ持つということですね。

4．最初の仕事を作る

「最初の仕事をつくる」というのが非常に大変です。それは入金までを指します。仕事をしても入金されないこともあります。私も会社をつくってから6カ月ぐらい、入金というものがありませんでした。最初の仕事をつくるというのが非常に重要で、きちんと入金されるまで気を抜かないでいただきたいです。まずここまでは、最初の"ホップ"です。

5．"縁が円を呼ぶ"、"仕事が仕事を呼ぶ"

"縁が円を呼ぶ"、"仕事が仕事を呼ぶ"という形で、誠実に人と接する、誠実に仕事をすることが、何よりも大切になってくると思います。

6．「いい顧客」と「出版」

「いい顧客」と「出版」は大きな信頼を勝ち得ます。新聞は非常によいと思いますが、テレビはあまり出ても意味がないので、新聞はぜひ、どんどん取材を受けるといいと思います。

7．広がりと深みをもつ

　転職市場でアルファベットを使って「I人材」「T人材」「H人材」「HH人材」とよくいわれます。専門性を持つ人がI人材、広がりと深みがあるのがT人材、それから、二つぐらいの専門性を持って、そのつながりができる人をH人材、それが複数あるとHH人材といわれますけれども、これはフリーランスにも非常に重要な切り口かなと思います。

8．アウェーを恐れない

　人は居心地良い空間というのをどうしても求めてしまうので、常に自分にアウェーを課すというのも大事です。今日などは本当に素晴らしい方々がご講演されている中で、私にとってはすこぶるアウェーなんですけれども、定期的にそういう自分がアウェーな空間というものにきちんと身を置くという

のも、自分の広がりをつくるかなと思います。

9. サステナブル。

　無理しない、楽しむ。楽しいことしか続かないので、「楽しいことを、楽しい人と」ということも切り口にされるといいかなと思います。

10. ギブギブアンドテイク

　それから、「ギブ・ギブ・アンド・テイク」ということ。与えて、与えて、返ってこなかったら切るという、無駄に貢がないということがとても重要です。提供ばかり受けて、全然返さない方というのは結構いらっしゃいますので、これは長く付き合わないということですね。

11. 自分をデフレしない

　どうしても値付けで安売りしてしまいがちなので、決して安売りしない値付けをする。ここまでは"ステップ"です。

12. 無償の仕事こそ、丁寧に

　前項と矛盾してしまいそうですが、無償の仕事も丁寧にやるというのも重要です。コスパのよさだけを追い求めてしまうと、結局枯れてしまいます。ある程度、仕事が回り始めたら恩返しも必要です。無償の仕事も、丁寧にやってみましょう（実はこれは私が自分に言い聞かせています）。

13. 百姓を目指す

「百姓を目指す」というのも私は大切にしています。いろいろな仕事をして、その中で暮らしていく。一つの仕事に固執しないということがフリーランスとしては重要かなと思います。最後の2つは"ジャンプ"です。

　ホップ、ステップ、ジャンプ。私も完全にできているわけではありません。いえいえ、すべての事項、なかなかできていませんが、心がけていることということでお許しいただけると幸いです。いいフリーランス生活が送れるかなと思います。

VI　フリーランスを巡る環境トレンド

　フリーランスを巡る環境トレンドをいくつかご紹介します、資料13ページ）。順風としては、かなりマッチングサイトが出てきていますし、それから、何よりもフリーランス保護新法が成立したということが大きいかなと思います。これは2024年秋には施行されると思います。

　逆風としては、処理が頻雑になるインボイス制度ですとか、ステマ規制法のような短期的に広告収入の低下につながるような制度改革もありますし、何よりも生成AIなどの利用による企業の内製化ということも、仕事の減少につながる恐れがあります。何となくお気付きかと思いますが、本日の資料のイラストは全部、生成AIに描いていただいています。イラストレーターだったり、ライターだったり、そういうお仕事がどんどん生成AIでできてしまうようになるということが一つ、フリーランスとしては逆風かなと思います。

VII　まとめ

　駆け足になりましたが、まとめさせていただきますと、ライフイベントを本当に大切にするなら、今、大企業が働きやすく、いろんな女性のライフイベントに配慮した制度を作っておりますので、大企業の就業、また中小企業も非常に頑張っていますので、そういった企業への就職をお考えになられたほうがいいかと思います。統合報告書の人的資本開示というのが進んでおりますので、これを見ていただくと、それぞれの企業が、人が働くということをどれだけ大切にしているかということがわかりますので、ぜひ気になる企業の統合報告書を読んでいただけるといいかなと思います。

　フリーランスは今、過渡期。保護と淘汰の2局面にあると思います。先ほど順風と逆風とありましたけれども、私、「順風満帆」という言葉よりも、「逆風満帆」という言葉が大好きで、逆風を自分の味方に付けるということ

も実は重要かなと思っています。そして、フリーランスという道を選ぶなら、楽しいが一番のサステナブル（持続可能）。これは常にそう思っています。楽しい仕事をしてください。好奇心が源泉ということです。

　あと、もうひとつ。先ほど先生も、「変革の時代」とおっしゃっていました。VUCA の時代、全ての人がフリーランスマインドを持つことが最大のリスクヘッジになると思います。皆さまがどのようなお仕事をされるにしても、自分で立つ、自分のライフイベントを大事にしながら、楽しい仕事をしていくということをぜひお考えいただけると、ありがたいと思います。駆け足になりましたが、ご清聴ありがとうございました。

ライフイベントをハンデにしない女性フリーランスという働き方

スタイルビズ　青山直美

自己紹介

- 1966年生まれ・埼玉県出身
- 公立高校卒業
- 慶應義塾大学法学部法律学科卒業
- 東芝(1989〜2000)
- イーライフ(2000〜2004)

- スタイルビズ(2004〜)
- イズミ社外取締役(2021〜)
- アスクル社外取締役(2022〜)
- 情報経営イノベーション専門職大学客員教授(2023〜)
- ジャパンスタートアップ支援協議会顧問(2022〜)
- 日本オムニチャネル協会フェロー(2023〜)
- 地方創生三田会理事(2022〜)
- 広島県大崎上島PRサポーター(2023〜)

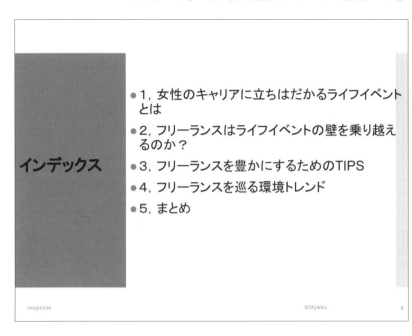

1，女性のキャリアに立ちはだかるライフイベントとは

・女性が背負いがちのライフイベント４つのリュック

・育児・配偶者の転勤・介護・闘病（自分・家族）

・少子高齢化で、男女関わらずリュックは重くなっている

・ケア（子供、親、自分、パートナー）と仕事の両立はすべての人の問題でありながらも、現実的には女性に負担が大きい

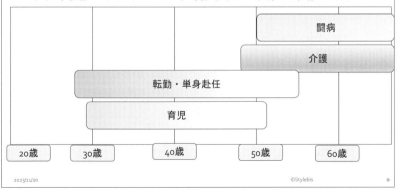

1，女性のキャリアに立ちはだかるライフイベントとは

- 例えば育児
- 1985〜89年（平成元年）　育児退職者　61%　※第一子出産前有職者のうち
- 2015〜19年（令和元年）　育児退職者　30%
- 男女雇用機会均等法、働き方改革、男性の育児休暇取得義務化
- 変化はありながらも、まだ女性が背負う部分は現実的に多い。

↓

両立を選択しても、可処分時間の相対的な減少
体と心に負担大

#ワンオペ　　#産後鬱

#マタハラ

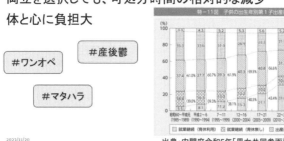

2023/11/20　　　　　　　　　　　　　　　　　　　　出典：内閣府令和5年「男女共同参画白書」21ページ　　4

2，フリーランスはライフイベントの壁を乗り越えるのか？

- <u>フリーランスのバリエーション</u>
- 法的には特に定義なし。
- 個人の力量で仕事を業務請負契約で受ける働き方。
- 日本では462万人
（2020年内閣官房発表・労働力人口6900万人のうち6.6%）

- 大きな分類としては

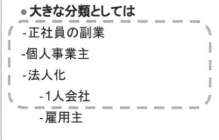

-正社員の副業

-個人事業主

-法人化

　-1人会社

　-雇用主

2023/11/20　　　　　　　　　　　　　　©Stylebis　　　　　　　5

2，フリーランスはライフイベントの壁を乗り越えるのか？

・個人的キャリアとライフイベントの関係（育児・介護）

- 1989年（23歳）　就職　東芝
- 1995年（28歳）　結婚　ホームページ開設　#副業　#リスキリング
- 1998年（31歳）　出産　育休中に消費生活アドバイザー資格取得
- 1999年（32歳）　職場復帰
- 2000年（33歳）　ネットベンチャーに転職　副業も本格的に開始
- 2002年（35歳）　部下が鬱　産業カウンセラー資格取得　#リスキリング
- 2004年（37歳）　小1の壁　独立・スタイルビズ設立・ブログ開設
- 2005年（38歳）　経産省委員・ケンコーコム社外取締役就任
- 2009年（43歳）　娘の受験　ファイナンシャルプランナー3級・2級取得　#リスキリング
- 2015年（48歳）　父の発症　千趣会社外取締役就任
- 2020年（54歳）　コロナ
- 2021年（55歳）　父死去・母の見守り　イズミ社外取締役就任
- 2022年（56歳）　　　　　　　　アスクル社外取締役就任
- 2023年（57歳）　母手術・娘独立　iU客員教授就任

2023/11/20　　　　　　　　　　　　　　　©Stylebis　　　1

---

①育児ハック

- 【社会環境変化】
- 男性の意識変化。子育ては共同作業へ。
- 制度や体制、社会の考え方も変化。
- 【課題】
- 習い事や受験などへの対処
（経済的な負担も含め）
- 【対処法】
- 可処分時間を最大限に増やす
- 夫・両親・外部サービスを使う
（特にプレゼンなどの大きな仕事のとき）
- 【フリーランスとしての付加価値】
- マーケティングなど共感視点を活用
- リスクヘッジ能力

2023/11/20　　　　　　　　　　　　　7

②介護ハック

- ●【社会環境変化】
- -介護離職が顕在化
- -ビジネスケアラー問題を経産省も課題として認識
- ●【課題】
- -育児よりも深刻
- -問題の共有がしずらい
- -お金と時間の総量が見えづらい
- ●【対処法】
- -寂しい気持ちを持たないように
　マメに連絡
- ●【フリーランスとしての付加価値】
- -シニア市場への理解
- -介護世代・見守り世代との共感

③闘病（自分・家族）ハック

- ●【社会環境変化】
- -ガンなどが治る病気へ
- -働きながら闘病する人の増加と、企業のバックアップが始まる
- ●【課題】
- -フリーランスのセーフティーネット
　が脆弱
- -闘病の長期化
- ●【対処法】
- -健康保険に加え、医療保険にも
　加入し、貯蓄をしておく
- ●【フリーランスとしての付加価値】
- -長期間休んだとしても待ってもらえ
るような価値をつける

ライフイベントにおける会社員（正社員）とフリーランス

	会社員（正社員）	フリーランス
収入の安定性	○	△ 安定させるためには、かなりの努力が必要
時間の融通 -育児	△ 産休・育休・不妊の休暇制度あり 受験に対応しづらい	○ 融通は効く
-介護	△ 介護休暇制度はあるが取りづらい	△ 対応しやすい面もあるが、仕事を優先しづらい
-闘病	△ さまざまな休暇制度	× 仕事を休まざるを得ない
時間の融通　総体	△ さまざまな休暇制度はあるが、多少人事考課に関わる	○ 調整はできるが、休暇がなく、代替がない
ストレス	△ 主に人間関係	○ 主に責任感に起因 自己決定権

2023/11/20　　　　　　　　　　　　　　　　　　©Stylebis　　　　10

2, フリーランスはライフイベントの壁を乗り越えるのか？

●フリーランスがライフイベントをハンデにしないための課題

-経済的な安定性と時間の融通がトレードオフである

-ライフイベントが重なること（ダブルケア・トリプルケア）へのリスクヘッジ

-大震災・コロナのような重大不可避の災害への対応

-補助金・給付金の情報にアンテナを貼る

●行政のフリーランスへのバックアップも必要では？

2023/11/20　　　　　　　　　　　　　　　　　　©Stylebis　　　　11

3, フリーランスを豊かにするためのTIPS

- 1, 準備期間が重要（情報発信・資格取得・潜在顧客）
- 2, 肩書を自分で作る（例：お取り寄せコーディネーター）
- 3, 公的な肩書も（例：消費生活アドバイザー）
- 4, 最初の仕事を作る（入金まで）

ホップ

- 5, 縁が円を呼ぶ、仕事が仕事を呼ぶ
- 6, いい顧客と出版は大きな信頼（新聞は◎テレビは△）
- 7, I→T→H→HH （広がりと深みのある複数の専門性）
- 8, 自分にアウェイを課す
- 9, サステナブル（無理しない、楽しむ）
- 10, ギブギブアンドテイクに徹する（無駄に貢がない）
- 11, 自分をデフレしない

ステップ

- 12, 無償の仕事こそ、丁寧に
- 13, 百姓を目指す

ジャンプ

2023/11/26　©Ghelebis　12

4, フリーランスを巡る環境トレンド

- 【順風】
- マッチングプラットフォームの充実
（ランサーズ、クラウドワークス）
- クラウドファンディングサイトの充実
（makuake 、CAMPFIRE）
- SNSの活用で知名度向上が比較的容易に
（Youtube、X、Instagram、facebook、TikTok）
- フリーランス保護新法成立（契約書、支払いルールなど）

- 【逆風】
- インボイス制度（23年10月）→税務処理の負担
- ステマ規制法（23年10月）、Cookie規制→広告収入の低下
- AIによる企業の内製化→仕事の単価の低下や減少

2023/11/26　©Ghelebis　13

5, まとめ

● ライフイベントを本当に大切に生きるなら、大企業での就業か公的資格をとることのほうが、断然有利

● フリーランスは、過渡期。保護と淘汰。

● それでもフリーランスを選ぶなら、「楽しい」が一番のサステナブル

● 好奇心が源泉

● VUCAの時代、すべての人はフリーランスマインドをもつことが、リスクヘッジ

グローバルに見た日本女性の立ち位置
—表現の観点から—

岡村雅子

I　なぜクリエーティブの人間が法律のことを？

　はじめまして、岡村雅子と申します。私の肩書はクリエーティブディレクターです。今日のオーディエンスで法学を勉強されている学生さんからすると、何だろう、この片仮名の人はと思われるでしょう。

　クリエーティブディレクターとは、映像や画像といった表現を制作し、統括する仕事のことです。私は主に広告、コマーシャルとか、ポスターとか、最近はアプリや SNS のコンテンツなどを作る表現側の人間です。今日はグローバルに見た日本女性の立ち位置というのを、表現の観点からお話しします。

　経歴を簡単に説明します。諸先生が話される中で、1 人だけ門外漢なのですが、一応、大学で法律を専攻していたということで許してください。大学を卒業して、電通というこの数年世間をお騒がせした広告代理店に入社しました。PR 業務を経て、30 歳直前でコピーライターになり、経験を積んで現在の職であるクリエーティブディレクターになりました。車、化粧品、お酒や AC などの公共広告、あと政治系と書いていますけれど、具体的に言うと、

小泉総理の仕事を数年担当していました。コマーシャルを作ったり、その他コミュニケーション活動のお手伝いをしておりました。

　2007年ごろから中国やタイにある電通の支社に出張して、現地のスタッフと現地の広告を制作。ひとり彼らの中に入って、わいわいガヤガヤしながらやっていたんです。そのうちに海外で仕事するのは刺激的で面白いと思い始めまして、海外勤務の希望を出しました。50歳を過ぎて、ようやく希望が叶い、海外駐在。ベトナムとフィリピンに計6年間おりました。コロナ禍で日本に帰国し、2023年9月に電通を辞めました。今、自分の会社を立ち上げようと奮闘中です。先ほどの青山さんのお話を聞いていて、私もフリーランスの分野に入るんだと思って、今日は私のための講座を青山さんがしてくれたんだなと勝手に思い（笑）、聞いていたところです。

　それと国際広告賞の審査員を多数やっております。国際広告賞には、有名なものにカンヌ、クリオ、ワンショーなどがあるのですが、広告におけるオリンピック、国連みたいなもので、全世界から集まったいろいろな広告に対して一位、二位と順位を付けます。そこで、これからの広告業界はどっちに行くべきかといった方針を、多国籍の審査員たちとわいわい議論する場です。さらに2021年までアメリカの非営利広告団体でワンショーやニューヨークADCといった広告賞を運営するThe One Clubの元ボードメンバーでした。ここでは若いクリエーティブの人向けに教育カリキュラムを作ったり、アメリカは制度的に男女平等を実現しようとしているので、フィフティーフィフティーというルールを作って広告賞の審査員を男女50：50で男女を同率にしていくムーブメントを作ったり、そんなことをやっておりました。

　あとコロナ禍において、韓国で『キャリア大作戦』という本を出しました。まだ数少ない女性クリエーティブとしての生き方を語ったものです。なんで韓国で出版していただけたのか、私もよく分からないのですが、頼まれたのでチャレンジしてみました。

　ここまで聞いて、何となく海外のことをやっている人なんだなというイメージが湧いたと思います。奇しくも先ほど池田先生が、ビジネス法務学の確

立とそのハブ構想という話で、法律の制定を待っていたら間に合わない、自主的なルール創りということをおっしゃっていましたので、ルールにまつわるエピソードを表現の面からお話しします。

II　アンコンシャス・バイアスを知っていますか？

1　アンコンシャス・バイアスとは

　皆さんに質問です。アンコンシャス・バイアスという言葉、聞いたことはありますか。無意識バイアスともいいますが、自分自身では気が付いていない物の見方や、捉え方のゆがみや偏りのことです。これ、ルールではないけれど、とても大きな力を持っていると思うんです。昔話、ドラマや映画、広告、ディズニー映画なんか思い出してください。大体、プリンセスが出てきますね。あと、アメリカの映画は大体、『バットマン』だの、『スパイダーマン』だの、男性が世の中を救うみたいなストーリーが多い。これらに洗脳されちゃっている人がとても多いのではないか。このように、目で見るものがその人の考え方に影響を及ぼしている。そこで前提として、他国の表現から見える女性の立ち位置について考察したいと思います。

2　アメリカの広告から

　まず、アメリカの広告を見てみましょう。左側は、フライズクランチという、キットカットの前身みたいなお菓子の広告です。掃除機を投げて喜ぶ女性がいて、ワーオと言っています。これはシリーズもので、会社でタイプライターを打っていたが書類を放り投げて喜んでいる女性、バケツとブラシを投げて床掃除をやめた女性など、当時のステレオタイプな女性像が描かれていて、全部、"イッツ・タイム・フォー・クランチ（クランチの時間ですよ）"というヘッドラインが共通していました。イギリスでも使われていました。1957 年のことです。

　右側の広告をご覧ください。ヴァージニアスリムスという、女性専用たばこの広告でした。学生さんは誰も知らないと思うんですが、本日のスピーカ

ーの方は一部、覚えている方もいらっしゃるかもしれません。"ユーヴ・カム・ア・ロング・ウェイ・ベイビー"という歌が流れて、短いスカートの女性が歩きながらたばこを吸っている、そんな CM でした。アメリカでは 1967 年の終わりから、大量の CM を流していました。ちなみに日本で同じ CM がテレビで流れたのは 1970 年代だったと思います。

　そのナレーションで、こんなことを言っていたんです。"男性は主人で、女性は奴隷でした。それから女性はいろんな権利を得て、今は人前でたばこを吸えるようになりました"。

　あるいは参政権の話をしたり、先ほどの菅原先生のお話にも共通しますが、人権拡大の話をしてたばこを吸う権利に結び付けるという巧妙な手法でした。そして、これは女性を解放した広告として、世界のスタンダードにもなっておりました。

3　ベトナムの広告から

　次にベトナムの事例を紹介します。私が 3 年間滞在した国で、実にユニークでした。

　まず昔話です。キーパーソンが大抵、女性なのです。日本だと、桃太郎とか、三年寝太郎とか、男性じゃないですか。違うんです。例えば、竜に乗って悪者を退治する女の子が出てくる話。奥さんが浮気して怒られて、旦那さんに殺されてしまい、その後罪滅ぼしで世の中を良くする話。主人公というか、うそをついたり、浮気したりという、そういうことも女性にさせるんだと思いながら読みました。要は男女平等なんです、扱われ方が。そんなお話を幼い頃から、ベトナムの女の子は聞いているわけなんですね。

　真ん中の広告を見てください。あ、広告と言っちゃいけなかった。これ、プロパガンダです。ベトナム女性博物館というのがハノイにあります。ここに行ったときに、ベトナム戦争のときのポスターや展示物をたくさん見たんですね。"村を守り、村をコントロールしよう"というヘッドラインに合わせて、銃を構える女性とか、稲を持っている女性がいます。国の政策をこう

いったプロパガンダに背負わせて、いろんな所に貼っていたのです。

　余談ですが、ベトナムは社会主義国でして、旧正月を除くと国民の祝日は年に4日ぐらいで、日本に比べるととても少ない。今は半分資本主義の国なので広告はあちこちにあるんですけれど、その祝日時には、町中の広告がこういったプロパガンダに入れ替わります。現代版のプロパガンダはもうちょっと色が鮮やかで、国旗だったり、独立の始祖であるホーチミン、通称ホーチミンおじさんを囲んで農民やさまざまな職業の人が同居するイラストです。これらが街中に溢れます。それを見るだけでも、ベトナムに行く価値があるんじゃないかと思っています。機会があればぜひ。

　ちなみに私がこのプロパガンダを見たベトナム女性博物館は、展示が卓越して素晴らしかったのに、全く入場者がいませんでした。ホーチミンに戻ってから、会社のスタッフと話して行ったことある？と聞いたら、行ったことがない、ベトナム人なのに知らなかったと。

　これはもったいないと思って、館長さんに広告を作りませんか、ポスター作りませんかとツテを探して自主提案しました。その館長さんは女性で、すごく男気があると言ったら変ですが、今までやったことないし、ぜひやりましょうとすぐに合意してくれて、私のチームでポスターを作りました。それが一番右の広告です。ヘッドラインが、"HERE IS A COLLECTION TO CHALLENGE #DRESS LIKE A WOMAN"。ドレス・ライク・ア・ウーマンに挑戦するコレクションですという意味で、3点あるシリーズの一つです。

　皆さん、覚えていらっしゃるかどうか分からないんですけれど、2017年2月3日に、トランプ大統領が女性スタッフに「女性は女性らしい格好をしないとね（"to dress like women"）」という発言をした。それがどこからか漏れて騒ぎが勃発しました。女性たちが憤り、たった2日で、ハッシュタグ＃DressLikeAWoman を付けた写真付きツイートがツイッター、今でいうXに溢れました。左から見てみますと、アンサリさんは"イラン生まれのアメリカ人。宇宙に出た世界初のムスリム女性でこういう衣装を着ています"とあります。真ん中は、向かって左側アレインさんというドクターが、

"好きな服を着ている私"と自分の言葉でツイートしています。一番右はジャーナリストのポストで、"女性らしい服を着ている女性たち（拍手の絵文字）"と書いて、世界的に強いスポーツ競技をやっているメダリストたちを挙げたというものです。それでこの右側の、ツイートを意識したポスターを作ったのです。なぜならばベトナムでは、昔から男女の境なく、みんな制服を着て同等に働いていたからです。

Ⅲ　ジェンダーギャップインデックスで見るアジア

　ここで、本日話題のジェンダーギャップ指数を見てみましょう。青で示しているのが G7 の国です。赤がアジアの主要国です。日本は両方にまたがっているので、紫にしていますが、ご覧のとおり立ち位置的には断トツにまずい。

　アジアでトップは、フィリピン。2023 年は 16 位。私が駐在していた 2017 年から 2020 年は、トップ 10 の常連でした。特に 2018 年は 8 位[1]だったのかな。その翌年に順位が落ちたら、CNN フィリピンの番組で "なんでジェンダーギャップインデックスの順位が落ちたか" というテーマで侃々諤々と座談会をやっていました。日本ではまず見ない光景だったので真剣に考えているんだと驚いたのを覚えています。ここからフィリピンはなぜ男女差が少ないかということを考察してみます。

Ⅳ　なぜフィリピンは男女差が少ないのか

1　OFW の存在

　私なりに考えたのですが、大きな理由として OFW[2]の存在があります。OFW とはオーバーシーズ・フィリピノ・ワーカー（Overseas Filipino

---

1)　The Global Gender Gap Report 2018
2)　https://en.wikipedia.org/wiki/Overseas_Filipino_Worker

Worker) の略称です。フィリピン国内に仕事がないため、海外で働いて、稼ぎを祖国に送る人たちを意味します。率直に申し上げるとフィリピンは8割が貧困層です。トップの数パーセントの人で、多額のお金を稼いでいます。

　実際に皆さん、フィリピンと聞いて何か産業を思い出せますか。ピンとこないですよね。まず思いつくのはバナナ、ドライマンゴー、あと、昔ブームになったナタデココ、そういった第一次産業がほとんどです。そこで女性は国外に出て、看護師、メイド、ベビーシッターとして働きます。あ、前提としてフィリピン人は皆さん英語が話せます。男性も外国に出ます。大型客船の乗組員とか、車のドライバー、工事現場の作業員さんとして稼ぐのです。

　女性のOFW、一部の方は知らないうちに目にしているかもしれません。香港とか、シンガポールの公園で、日曜日に女性がたくさん集まって、ご飯を一緒に食べていたり、踊ったり、歌ったりしているのを見たことないですか。私は2000年ごろ、香港中心部にあるホテルの近くでその光景を目撃しました。これは何の集会ですかと当時ホテルの人に尋ねたら、フィリピン人のメイドさんたちです、と。なんでフィリピン人？と感じた謎が、20年以上経ってフィリピンに駐在してからやっと解けたという感じでした。とにかくかなりの人数が外で稼いで、しかも国の経済を支えている。女性が支えているといっても過言じゃないかもしれません。これが16位というところに反映されているのかもしれません。

　1本、OFWを主人公にした動画を見てください。途中にサンクスマムというメッセージが出てきたので、車はお母さんの稼ぎで買えたということが分かりますね。さらに最後に"OFWエピソードをシェアしてください"という日産からのメッセージが入っていました。このように、OFWの人たちを盛り上げるという狙いもあったと思います。

2　その他の考察あれこれ

　なぜフィリピンは男女差が少ないのか、他の理由も探ってみましょう。

　まず失敗が許される社会ということ。これは16世紀後半、スペインによ

るカトリック教のアイデアだったのではないかと思います。皆さん、世界史で学んだマゼランという人物を思い出してください。その頃まで戻ります。1565年フィリピンにスペイン人がやってきました。占領を試みたが、なかなか統治するのが難しかった。どうしようと考え、彼らはカトリックを連れてきたんですね。スペイン人が統治手段の一つとして、キリスト教を利用したと言えます。彼らはフィリピン人に「毎週日曜日、カトリック教会に来て祈れば、あなたが今週したミスはなかったことになります。だから、教会に来てください」ということを広めました。カトリックは、フィリピン人の中にすんなり溶け込めたし、フィリピン人も間違いやっても許されると安心する。すると誰でもチャレンジしたくなりますよね。

　第二に、女性がすごく弁が立つ。よくしゃべるし、主張する。これもちろんいい意味で言っています。フィリピンで私のいた会社の役員や主要メンバーは大体、女性でした。何か強い意見を言う際に、これを言ったらはしたないと思われる？やり過ぎかな？出世ばかり考えてる人に思われる？下品かな？とか日本だと考えるじゃないですか。そういうためらいが一切なかった。

　第三に、自己肯定度が高い。50％の力でも、イエス・アイ・キャン、それ、できます、まだまだ私できます、だから私にやらせて、という感じで手を挙げてきます。もしかして実際の力は30％ぐらいだったかもと今になって思いますが、結果オーライでした（笑）。

　あと家事のアウトソーシングに全く抵抗がない。日本だと、育児を人に任せると何か言われるのではと気にする人が多数いると想像しますが、フィリピンはそんなことなし。バリバリ働くお母さんがいるお家には、お掃除したり食事を作るメイドさん、そして子どもたちの面倒を見るヤヤさんと呼ばれるベビーシッターがいます。小学校手前ぐらいまで面倒を見てもらえます。ヤヤさんは英語を話しますから、日本人の駐在員の奥さんたちで、子どもが英語を覚えてくれるといって、ヤヤさんに任せっきりの方もいましたね。

　フィリピン男性も、自分の彼女や奥さんが自分より稼ぐことをコンプレックスと思っていない。むしろ勲章だと思っている節があります。男性が奥さ

んたちの一日を喜んで支えます。例えば行きと帰りに車で送り迎えしたり、メイドさんがもし来られないときは、自分が会社を休んで子どもの面倒を見たり、いろんなことをして支えます。

さて、二番目に申し上げた女性の弁が立つ。これ結構、重要だと思っています。CNN フィリピンで主要ニュース番組のアンカーや司会者は、ほぼ女性です。綺麗に化粧をした、バーンと強そうな女性が出てきて活発にしゃべっています。一方で男性は時々相槌を入れるような存在で、まるで日本の女子アナみたいです。

最高裁判事、検事、弁護士、CEO にも女性が多いですね。私がフィリピンで、会社の顧問をお願いしていた弁護士も女性でしたし、ファイナンスのトップも女性でした。トラブルが起きる場合、頼れるのは女性の方が多かったですね。

3 Own Your Future

ここで 1 本の動画を紹介します。フィリピン駐在時にとある女性 CEO の 1 人と私が知り合いました。彼女はフィリピン女性 CEO サークルという団体の役員でした。その会合で流す何かを作ってほしいとザクッと頼まれまして、作ったものです。

"Own Your Future" というメッセージ動画と、アジアの女性外交官の先駆けですとか、国会議員とか、アジアのノーベル賞と呼ばれるマグサイサイ賞を取った人ですとか、フィリピンの女性 CEO のインタビュー動画を十数本作りました。CEO サークルは、年に 1 度、ホテルを借り切ってコンベンションを実施します。若い女性たちに対してメッセージを伝えて応援するのが目的ですが、そこでこの動画を何度も流しました。ご覧ください。

この "Own Your Future" というメッセージ動画は、手弁当で作りました。営利団体ではないので実費だけいただいて、洋服なんかも、皆さんが持っている黒いものを持ってきてくださいと言って、一応ヘアメークだけプロにお願いして、皆さんに施したという感じで。メッセージは私どもで考えてお渡ししましたが、皆さんステイタスがあって自分の言葉を持っている方です。

Own Your Words という感じで、楽しそうにハツラツと演じてくださいました。こういった形で Own Your Future、自分の未来は自分でつかもうよという考え方が、フィリピンには根付いていると思います。

V　日本はどうか

表現についてチェックポイントを作った自治体

　日本を見てみましょう。本日は時間の都合で CM をご紹介することができませんが、皆さんが日頃見ているドラマとか広告、映画を頭に思い浮かべながら、この法則を一緒に見ていきましょう。

　●登場人物・回数が男女いずれかに偏っていないか　●年齢や職業など多様な男女が描かれているか　●服・持ち物の色、服のデザインが性別によって固定化されていないか　●職業、スポーツ、学術、遊びなどで男女の描かれ方が固定されていないか　●男性が指導者、女性が相談者など主従、上下、優劣、強弱の関係が男女で固定されていないか　●男性、女性で役割を決めつけていないか。家事・育児・介護・看護をするのは女性だけになっていないか　●興味を引くためだけに、外見（若さや性的側面など）を強調する表現をしていないか　●男女どちらかのみを表す表現、女性であることを強調する表現など、男女の扱いが異なる表現をしていないか　●性別を入れ替えると通じない言葉はないか。以上 9 つの確認ポイントです。

　実はこれ、大阪府が作った『男女共同参画社会の実現をめざす表現ガイドライン』というもの。2021 年に制定されました。前職の電通時代は明文化していなかったので、当初は一人一人の意識で進めていましたが、数年前から撮影前にはこの項目に基づいてオフィシャルに指差し確認するようになりました。こうやって役所によって明文化されないと、日本では普通にならないのかもしれません。時々 Twitter つまり X 上で炎上しているコマーシャルを見ることがありますが、ああ誰も、特にクリエーティブディレクターはチェックしなかったんだなと、同じ業界人として残念になることがあります。

VI　ささやかな提言

　最後になりますが、ささやかですけれど、大きな違いを生むかもしれない提言をさせていただきたいと思います。

　一つ目。女性は完璧を目指さなくていい、70％できれば万々歳くらいの気持ちでチャレンジしようということです。正直申しますと、本日の講演も、私は違うジャンルの人だから断ろうと思っていました。しかし、これを引き受けることで、自分が調べて学ぶことになる。シンポジウムに出れば、いろいろな先生の話を聞けるから得である。そんなことを思って、70％というより60％ぐらいの気持ちでOKしたのです。

　二つ目。男性は少し力を抜こう。男性優位社会にとらわれ過ぎないでということです。先ほど岩永先生のところで、男性も悩んでいるという話が出てきましたけれど、伝統的な男らしさの呪縛から逃れられず密かに苦しむ男性が増えているという記事を目にします。ジェンダーというのは、女性を下から上に上げることだけじゃなくて、もしかして上から下に下りてきたいという男性もいるのかもしれないなと。提言というと、全部が120％アップ、上へ、ということを想像しがちですが、少し違うベクトルでできることがあれば、トライしても良いのではないかと。ただ、政府に対しては、もっとこういうことをやってほしいというリクエストはありますが、本日はそういう場ではないので控えます（笑）。

　三つ目。私のような表現を職業にしている人間はもちろんのこと、少しでも何かを表現しようとする人は、言いたいことを伝えるだけでなく、それが人の目にどう見えるか思いを馳せて、心して企画をしようということです。

　まとめます。私の話は、ルールでなくても何となく目にしているものが、意外と皆さんの考え方に影響しているので、気を付けよう。それを海外との比較から日本の女性の立ち位置について話をさせていただきました。ご清聴ありがとうございました。

グローバルに見た
日本女性の立ち位置

ー表現の観点からー

クリエーティブディレクター
岡村 雅子
Nov 20, 2023

はじめまして。岡村雅子です

- 慶應義塾大学法学部法律学科卒
- 電通入社。PR業務を経て30手前でコピーライターに。そしてクリエーティブディレクターに
- 車、化粧品、お酒、公共広告、政治系の広告制作に関わる。中国やタイへ出向き、現地スタッフと現地の広告を制作
- 50を過ぎて希望して海外駐在。ベトナム、フィリピンに計6年
- 国際広告賞の審査員歴多数。アメリカの広告団体The One Clubの元ボードメンバー
- コロナ禍で日本に帰国。2023年9月に電通退社
- 韓国で「커리어 대작전（キャリア大作戦）」（共著）を出版

アンコンシャス・バイアスを知っていますか？

アンコンシャス・バイアス（無意識バイアス）
　　自分自身は気づいていない「ものの見方やとらえ方の歪みや偏り」
　　ルールではないが、大きな力を持つ
　　　　昔話
　　　　ドラマや映画
　　　　広告

目で見るものが、その人の考え方に影響を及ぼす

他国の表現から見える女性の立ち位置について考察する

アメリカの広告から

フライズクランチ（1957）
"CRUNCHの時間ですよ"
http://advertisingcliche.blogspot.com/より

たばこヴァージニアスリムス（1968）
"よくここまで来たね、ベイビー"

アメリカの広告から　＊著作権の関係から広告を掲載できません

ビジュアル
女性が掃除機を投げて
笑顔でWOWと言っている

コピー
IT'S TIME FOR CRUNCH

ビジュアル
上部に、家でたばこを吸ったために
夫から家を追い出される女性。
下部に、たばこを手に持ちスタイリ
ッシュに立つホットパンツの女性

コピー
You've come a long way, baby

フライズクランチ（1957）
"CRUNCHの時間ですよ"

たばこヴァージニアスリムス（1968）
"よくここまで来たね、ベイビー"

ベトナムの事例から

昔話のキーパーソンは、
たいてい女性。

－ 龍に乗って悪者を退治する

－ 浮気して怒られ殺される。それ
から罪滅ぼしで世の中を良くする

ベトナム戦争時のプロパガンダ（1960年代）
"村を守り、村をコントロールしよう"

ベトナム女性博物館のポスター（2017）
"#DressLikeAWoman に挑戦するコレクションです"

©Vietnamese Women's Museum

ベトナム女性博物館の広告のベースとなったもの
トランプ大統領が失言した日から2日間でツイートが溢れ出した

アンサリさんはイラン生まれのアメリカ人で　　　　左側で好きな服を着ている私のが私　　　　女性らしい服を着ている女性たち
宇宙に出た世界初のムスリム女性　　　　　　　　アレイン医師

2017年2月3日のTwitter(現X)のツイートより

Global Gender Gap Index (2023)

青：G7　赤：アジア

6	ドイツ
15	英国
16	フィリピン
30	カナダ
40	フランス
43	米国
49	シンガポール
72	ベトナム
74	タイ
79	イタリア
105	韓国
107	中国
125	日本

Global Gender Gap Report 2023, WORLD ECONOMIC FORUMより

なぜフィリピンは男女差が少ないのか
16位（2017–2020年はTop10の常連！）

特徴

○ OFW （Overseas Filipino Worker)の存在

国内に仕事がないため、海外で働き稼ぎを祖国に送る人たち

女性：看護士、お手伝い、ベビーシッター

男性：大型客船の乗組員、ドライバー、工事現場の作業員

女性が国の経済を支えていると言っても過言ではない

なぜフィリピンは男女差が少ないのか

海外の病院で看護士をしているお母さんと、家事や子供の送り迎えをするお父さんと子供のやりとりが描かれる

You are the Mom!　Nissan Philippines (2016) のCMより

なぜフィリピンは男女差が少ないのか

- ○ 失敗が許される社会 ← 16世紀後半スペインによるカトリック布教のアイデア
- ○ 弁が立つ。「これを言ったら、はしたないと思われる？」というためらいがない
- ○ 自己肯定度が高い。50%のチカラでも「Yes, I can!」
- ○ 家事のアウトソーシングに抵抗がない。メイドさんとヤヤさん
- ○ 男性も、彼女や妻が自分より稼ぐことをコンプレックスに思わない。むしろ勲章だと思う
- ○ 男性が奥さんたちの一日を喜んで支える
- ○ CNN Philippinesなど主要ニュース番組のアンカーや司会者は女性
- ○ 最高裁判事、検事、弁護士、CEOに女性が多い

”Own Your Future”(自分の未来をつかめ)
Filipina CEO Circle(フィリピン女性CEOサークル) の動画より

日本はどうか：
表現についてチェックポイントを作った自治体も

□ 登場人物・回数が男女いずれかに偏っていないか
□ 年齢や職業など多様な男女が描かれているか
□ 服・持ち物の色、服のデザインが性別によって固定化されていないか
□ 職業、スポーツ、学術、遊びなどで男女の描かれ方が固定されていないか
□ 男性が指導者、女性が相談者など主従、上下、優劣、強弱の関係が男女で固定されていないか
□ 男性、女性で役割を決めつけていないか。家事・育児・介護・看護をするのは女性だけになっていないか
□ 興味を引くためだけに、外見（若さや性的側面など）を強調する表現をしていないか
□ 男女どちらかのみを表す表現、女性であること強調する表現など男女の扱いが異なる表現をしていないか
□ 性別を入れ替えると通じない言葉はないか

2021　大阪府「男女共同参画社会の実現をめざす表現ガイドライン」より

ささやかだけど大きな違いを生む提案

☆ 女性は完璧を目指さず、70%できれば◎の気持ちでチャレンジしよう

☆ 男性は少し力を抜こう。男性優位社会に囚われすぎないで

☆ 表現に関わる者は、心して企画をすべし

Thank you!

パネルディスカッション

池田 ここまでのスピーカーの皆さまがた、大変、ありがとうございました。それではここから、スピーカーの皆さんに画面にお顔を見せていただいて、パネルディスカッションということにしたいと思います。感想でも、言い足りなかったことでも、どなたかに対する質問でも結構なのですが、問題提起というか、お感じになったことを述べていただいて、それを基に話を進められたらと思いますが、まず岩永さん、いかがでしょうか。

岩永 今日は本当に皆さまがたから、私も勉強になるお話をたくさん聞けて、参加してよかったと心より思っております。皆さまのお話はどれも本当に素晴らしかったのですが、いくつか特に心に留まったことを感想として申し上げます。まず青山様のフリーランスのお話ですが、弁護士の仕事も資格業ではありますが、フリーランスの仕事と共通するところが多くあり、自分にとっても非常に実践的なヒントをたくさん紹介していただいたのは、大変ありがたかったなと思いました。

　また、最後の岡村様のご講演の中で、グローバル社会から見た日本の女性

という視点ですごく日本を客観的に見ることのできる機会をいただけたのが、とてもよかったです。フィリピンの女性の方が、すごく活躍しているということは非常に興味深かったです。特に、ご紹介いただいた『Own Your Future』という動画は大変素晴らしく、こういったことが広告やCMだけではなくて、企業の中でも広まればよいと思いました。以前、私が勤めていた職場では、社内のイントラネットで、会社の中で活躍した社員の紹介がされていたり、会社が取り組んでいたりすることが紹介されているのですが、それを見ていると、何だかほとんど男性でげんなりしちゃうと思うことがよくありました。こういった社内のイントラでの表現の在り方にも、男女の比率を意識するという取り組みがこれからどんどん起きていけばいいな、と伺っていて思いました。ありがとうございます。

池田 ありがとうございます。それでは、今度は青山さん、いかがでしょうか。

青山 ありがとうございます。本日は、途中から冷や汗が出ました。あまりに私が毛色が違い過ぎて、本当に皆さまにご迷惑を掛けてないかと心配しました。本当に素晴らしい皆さまのお話、ありがとうございました。岩永先生、まずは女性のジェンダーということでまとめていただいて、弁護士という優れた仕事の中でも、まだまだジェンダーギャップがおありということで、非常に勉強にもなりましたし、今後、社外取締役をやっている身としては、弁護士の方々のガバナンスというものを踏まえたご発言が勉強になっておりますので、今後社外取締役でも、ご活躍いただけるといいなと思いました。ありがとうございました。

　それから、髙梨先生の日本女子大のお話ですけれども、私、朝ドラの『あさが来た』が大好きで、さすが日本女子大、広岡浅子さんでしたよね、創設者。女性が本当に今、100年生きる時代で、大学時代で学ぶだけではなく、生涯学んでいく、常にやり直しが利くということのメッセージを深く受けま

した。なかでも特に DX の講座が非常に充実されていたので、私も勉強しようかなと思いました。ありがとうございました。

　それから菅原先生の、人権について、私も目からうろこというか、本当に人権意識が足りていないなということを今更ながら勉強させていただいて、ジャニーズ問題というものもワイドショー的に考えるのではなく、先ほど岡村さんからも、アンコンシャスバイアスというお言葉がありましたけれども、私たちが気付かずにやっている差別が、どれだけ人を傷つけているかということを、目の当たりにさせていただいた時間だったと思います。本当にありがとうございました。

　岡村さんは、ゼミの先輩でもいらしてご一緒できたことが嬉しくてたまりません。さすがグローバルな視点をお持ちで、ますます輝いていらっしゃいまして、感動しました。フィリピンとか、ベトナムとか、一部では日本よりも劣っているかのようなイメージ、これまたアンコンシャスバイアスがあるじゃないですか。とんでもないことですよね、本当に考えさせられました。

池田　どうもありがとうございます。では、岡村さん、お願いします。

岡村　私一人門外漢と感じていたので、どうしようと思っていたんですが、今日、自分がしゃべることよりも、皆さんのお話を聞けてよかったなと本当に思いました。

　まず岩永先生が女性弁護士として居心地が悪かったとお話しされていましたが、実は私も似たような状況にあったんです。今日は広告を目指される方がいなかったので、そういう話は一切しませんでしたが、実は、私は電通で、初代の女性クリエーティブディレクターでした。なので、男社会に1人入った感じでした。撮影現場でも、うわ、姉ちゃん来たよみたいなことを言っている照明のおじさんたちがいました。うわ、姉ちゃんって言われちゃったと驚きました（笑）。そこで怒るんじゃなくて、この人たちに、この姉ちゃんの言うことなら聞いてやろうじゃないかと思ってもらうにはどうしたらいい

かとか、男性の中に1人入って、どうやってうまくやっていくかというのを初期の頃は考えました。今、日本に戻ってきて、制作の現場で女性が走り回って活躍しているので、時代が変わったなと痛感します。それでも日本の女子は、自分を過小評価しているというか、遠慮の塊なんだなというのは、自分が外に出て、戻って、初めて分かったという感じがあります。きょう参加させていただき、すごく優秀な先生たちがここにもたくさんいらっしゃるということに改めて感動しているところです。

　そんな中で、岩永さんの話で共感したことがあります。これ、ご覧になれますか。岩永さんがさっき女性のアート集団ゲリラガールズの話をされていたんですけれど、今、お見せしているのはゲリラガールズブランドのピンク色のエコバッグで、奇遇にも9月にロンドンのテートモダン（ギャラリー）で買ったばかりでして。The advantages of being a woman artist ということをメッセージしてあります。成功のプレッシャーなくて働くことができるとか、仕事と子育て、どっちでも好きなときに選べるとか、ワクワクするコピーがたくさん書いてあったので、ついご紹介しちゃいました。ごめんなさい、話がそれてしまいました。

　青山さんのお話は、自分がフリーランスになったら、こんなふうにすればいいんだということ、女性としての生き方のヒントが沢山ありました。

　髙梨先生のお勤めでいらっしゃる日本女子大は、女性が学びやすい環境が本当に整っているんだなと、感心しておりました。時間的なものって、女性にはすごく大きいと思うんです。特にお子さんがいらっしゃると、子育てに縛られてしまうから、フレキシブルな講座は素晴らしいなと。リカレント、リスキリング、それを実践するためのシステムがあるのは、日本女子大ならではと思いました。

　菅原先生のパートです。人権はヒューマンライトじゃなくて、ヒューマンライツなんだよなということを、さっきしみじみと思っておりました。ジャニーズの問題は、何となく聞いていたけれど、あんなに多かったのかというのが正直なところでした。私も結構ジャニーズの方たちと仕事をして、コマ

ーシャルもいっぱい作ったんですが、その背景でそんなことがあったのかと。人の権利というものを改めて省みるきっかけになりました。

そして、池田先生、あらためて良い機会をありがとうございました。

池田 ありがとうございました。ここまでの皆さん、いろいろ門外漢とかおっしゃるんですけれど、私としては全部、狙ってお願いをしているんです。ちっとも門外漢ではなくて、いわゆるアカデミアの外からの発信も、また法律学以外からの示唆も当然に取り入れる、それがビジネス法務学のハブ構想の実現だと思っていただきたいのです。それでは、今度は髙梨先生、お願いします。

髙梨 本日は皆さま、本当にどうもありがとうございました。皆さまの貴重なお話を伺い、大変勉強させていただきました。本日のビジネス法務学のシンポジウムは、「教育の立場から何かお示しできれば」という気持ちでお引き受けした次第です。私が仕事をしているアカデミアという世界はかなりリベラルですが、皆さまはそれぞれビジネスや法学の世界で、女性が少ない環境で戦いながら、これまでキャリアを積んでこられたことに、心から敬意を表します。アカデミアの世界は比較的男女平等です。私はアメリカの中でもリベラルなカリフォルニア州におりましたし、現在私の所属する大学も女子大ですので、女だからといって不利に感じるようなことはありません。本学の学生も、少なくとも学内ではジェンダーギャップを感じることなく、のびのびと学んでいますが、大学を卒業して社会に出たときに、現実に直面して困惑することがあるかもしれません。

岡村様のお話の中でジェンダーギャップを示すCMが紹介されているのをとても興味深く拝聴しました。私は言語学、特に社会言語学や言語人類学を専門としておりまして、言説を通して人々の社会的価値体系が再生産される過程を研究対象の一つとしています。社会的価値体系の中にはさまざまなものがあります。その中の一つとして、ナショナル・アイデンティティが挙

げられますが、それが日常の何気ない言説を通して再生産されることを"banal nationalism"と言います。ナショナリズムというと大げさに聞こえますが、私たちは、自国についても、他国についても、国民的アイデンティティやステレオタイプといったものを、毎日のありふれた生活の中で再生産しているのです。ジェンダーに関しても、"banal sexism"とでも言えるようなものが、日常の広告などのメディアを介して、ことばや視覚的情報などを通じて、私たちの認識に影響を与えているのではないでしょうか。その結果、ジェンダーについてのイメージが無意識のうちに刷り込まれていく。そういった過程に共感いたしました。

　本日ご発表された皆さますべて、本当に素晴らしかったと思います。菅原先生のお話を伺って、個人を尊重し合う社会を実現させなければいけないと改めて感じました。青山様も岩永様も、貴重なお話をありがとうございました。本日のシンポジウムがきっかけとなって、社会全体がより良い方向に動いていくことを願っております。ありがとうございました。

池田　ありがとうございました。それでは、菅原先生なんですけれど、菅原先生にお話しいただく前に、私から一言申し上げさせてください。というのは、『会社法務A2Z』という法務の専門誌があるんですけれど、その12月号というのが（2023年）11月24日に発売されます。その中に私が、緊急提言ということで、『ジャニーズ問題のビジネス法務学』という短いものを書いております。これは先月、原稿を出したものなんですけれども、菅原先生もきょうのお話で触れてくださり、私は的外れなことを書いていないだろうかと心配になりながら聞いておりました。実は私、1995年から2001年に国連の仕事もしておりまして、UNCITRAL、国際商取引法委員会という所で、私の専門にかかわることで、国際債権譲渡条約というのを作るワーキンググループに、日本代表として出ていたんです。そのときの経験から、今回のジャニーズ問題について、まずわが国ではあまり認知度の高くない国連の人権指導原則のほうから入って、国際企業のコンプライアンスの観点で論

じ、そこから私どもの専門の民法にかかわるマネジメント契約とかエージェント契約とか、そういうことを書かせていただいたのです。きょうお話を伺って、あまり的外れなことは書かなかったなと、今ほっとしているところなんです。すみません、前置きが長くなりました。菅原先生、どうぞお願いします。

菅原　ありがとうございます。本日は先生がたの大変貴重なお話を聞かせていただき、ありがとうございました。会議のため、前半が聞けなかったのが非常に残念でした。今回、ジャニーズ問題を取り上げましたが、きょうのそれぞれの切り口からの講演のように、ジャニーズ問題もいろんな切り口から考えていくことができます。池田先生のご論考を拝読したいと思っておりますが、ただ行き着く先は、いかに社会をより良い場所に、住みやすい場所にしていくかであり、それはジェンダー平等を実現できる社会にしていくということです。このことを目指した形で、このジャニーズ問題を見ていくということは、恐らく池田先生と私の共通のところなのではないかと思っております。

　岡村先生のお話は、最初から最後まで聞けたんですけれども、ビジネスをどう見るかですね。CMをひとつ取っても、エンパワーメントにもなりますし、ディスカレッジメントにもなります。ジェンダー平等に対して、負の影響も与え得る。それは企業活動もそうですし、私たち一人一人の行動もそうだと思います。ジャニーズ問題にまた戻ってしまいますが、ファンがどういう視点を持って、このジャニーズ問題を見ているのかというところです。持続可能な社会の実現という共通目標からジャニーズ問題を見たときに、「タレントは罪がない」という一言では、決して片付けられないような厚みがあります。そして、ジェンダー平等と共に、若者たちの問題でもあるというようなところから、社会問題としては目が離せないと思っています。

　ということで、本日はそれぞれの視点から、ジェンダー平等という問題について、どのようにアプローチをしていくか、働き方の中で、学びの中で、

また就かれている職業の中で、自分たちの問題として考えてきました。池田先生の采配によって、私たちの話が同じ方向に、社会のうねりになっていくといいなと思いながら、お話をお聞きしていました。大変、勉強になりました。ありがとうございました。

池田 どうもありがとうございました。会議の日でお忙しい中、ご参加いただきまして、ありがとうございました。

　それで、私としては、先ほども申し上げたように、これは法律学のシンポジウムではありませんと。ビジネス法務学のシンポジウムなんですということを最初にお断りしたんですけれども、要するにこの問題は、法律学だけで解決することは、できないのです。最初に申し上げたように、法律だけ作っても仕方がないんですよねというお話なわけですから。

　岩永さんは弁護士さんでいらっしゃいますけれども、いろいろ中学ですか、高校ですか、そういう生徒さんたちに対してのジェンダー教育的なこともやっておられるということを伺って、本日のトップバッターをお願いしました。また青山さんと岡村さんは、それぞれ法学部をお出になっているけれども、今、女性としていろいろな「初」の付く道を切り開いていらっしゃるところで、有益なお話を伺えるのではと思ってお願いしました。それから髙梨先生については、武蔵野大学と日本女子大学とで同じ実務家教員養成のプロジェクトでご一緒する中で、日本女子大学さんの充実したリカレント教育について知ってご紹介をいただいたわけです。菅原先生は、実は大阪の弁護士会のCSR普及をされているグループのシンポジウムで私の次に登壇されておられてお話を伺ったというご縁でお願いしました。

　つまり、自分なりにビジネス法務学のアンテナを広げて、自分がその「ハブ」の中心の位置にいるつもりになって、この日のために一所懸命選ばせていただいた皆さんというわけなのです。

　では、まだいろいろご発言はあるかと思うんですが、そういう皆さんのお話を、法律プロパーの、ビジネス法のプロパーの先生にも聞いていただいて

いたので、ここでご紹介をしたいと思います。一橋大学の大学院法学研究科の教授で、同研究科ビジネスロー専攻の専攻長でいらっしゃる井上由里子先生に、きょうのシンポジウムの感想なり、ご意見なりを、ご自由にコメントしていただけたらと思います。

シンポジウムコメント

井上由里子

　ただ今ご紹介いただきました井上です。一橋大学法学研究科の社会人大学院ビジネスロー専攻で知的財産法を教えております。本日は皆さまの大変素晴らしいご報告を拝聴いたしました。ジェンダーに関わる法的問題を専門にしているわけではございませんが、僭越ながら皆さまのご報告にコメントさせていただくお役目を頂戴しております。

1. 均等法元年の女性のキャリア選択—個人的な経験から

　まず、自己紹介もかねて、ごく簡単に私自身の経験をお話しいたします。私自身も女性のひとりとして、これまで大学で研究者として仕事をしてきました。大学では最初、社会心理学を学び、1985 年の均等法元年、まさにその年に学部を卒業いたしました。小中高は私立女子校、大学は国立の共学でしたが、小学校から大学卒業に至るまでジェンダーギャップを自分自身の問題として意識させられることはほとんどありませんでした。大学卒業を前にして、将来のキャリアを考える際、まわりの男子学生と同様に、企業への就職も選択肢の一つになると当然のごとく思っていました。しかし、実際に就

職活動をしようと思って調べてみると、均等法ができても男性と対等に企業で働くことは、実際のところ非常に難しいということがわかりました。ナイーブ過ぎるのですが、社会の厳しい現実を知って衝撃を受けました。その当時、女性が男性と対等に仕事できる職業としてどんなものがあるかというと、大学の研究者か専門職、あるいは外資系企業しかないだろうと考えました。そこで、まずは法学部に学士入学し、法学を専門領域とし、三つの選択肢の中から、結果的には研究者としての道を選んで、今日に至っているということでございます。今振り返ってみますと、その当時、厳然たるジェンダーギャップが存在し、そして将来的にそのギャップが解消されていく見通しがないことが、最初のキャリアの選択に決定的な影響を与えたと思います。

　さて、本日は、世代もバックグラウンドも異なる登壇者の皆さんが、それぞれのご経験、ご知見を踏まえて、お話しくださいました。女性が自らの生き方を選択できる社会を実現するための鍵は何かということについて、考えるヒントをいろいろいただいたと思っております。

2. 企業の女性役員比率

　岩永さんには、法曹界や産業界、起業やアートの世界など、幅広い文脈でのジェンダー平等の現況をご紹介いただき、女性の働きやすい環境を整備するための法制度の拡充など、ジェンダーギャップを克服するための最近の官民の動向についてもお話しいただきました。そして、ジェンダーギャップ克服に向けて、行動経済学の知見などを踏まえて、ジェンダー規範を変えていくことの重要性も指摘いただきました。

　ここでは、企業の女性役員比率引き上げの意義について考えたいと思います。

(1) 女性役員比率と企業のサステナビリティ

　女性の役員の比率を上げればその企業の企業価値が向上するのかといいますと、そうした因果関係を実証するような研究成果は今のところないようで

す。しかし、社会心理学の分野では、グループで集団的な意思決定を行う際に、同質のメンバーだけからなるグループではいわゆる集団浅慮（group think）に陥りがちであることを実験で示した研究成果が知られています。

　新卒でその企業に入って以来、その中で出世を重ねてきたシニアの日本人男性だけで経営判断を行うと、どうしても過去の成功体験にとらわれた判断をしがちです。100年に1度の社会の転換期といわれる今、過去の延長線上で経営を続けていくことは、どんな企業にとってもリスクでしかありません。女性の役員比率を高めて企業のマネジメント層の多様性を高めていくことは、企業のサステナビリティを確保し、VUCAの時代に適応し中長期的に企業価値を高めていくために理に適ったものといえるでしょう。

　女性役員の数さえ増やせば意思決定の質が上がるというものではなく、多様性を包摂する企業文化・風土に変えていかなければなりません。特に、社内出身の女性役員を増やしていくためには人材育成にも時間がかかりますから、息の長い取組みになります。経営トップの強いリーダーシップで、人材育成と企業文化変革とセットで長期的な視点をもって進めていくべきだと考えています。

(2) 将来の女性役員比率のコミットメント

「2030年までに女性役員比率を30％以上にする」など、企業が将来の女性役員比率についてコミットすることが増えています。こうした将来に関するコミットメントにはどういう意義があるのかということも考えてみたいと思います。

　就職先を探している女性や、今の会社から転職しようか迷っている女性の視点で考えますと、女性役員比率は、長期的にみて、その企業に女性に活躍の機会があるかを知る手がかりになります。現時点で女性役員比率が低い企業は、女性にとって魅力的な選択肢でないようにみえます。では、今は女性役員比率は低くても、将来のその比率の引き上げをコミットしたらどうでしょうか。投資家や社会のステークホルダーにコミットしたことを軽々に反故

にする企業は資本市場や社会から有形無形のペナルティを受けますので、企業はそのコミットメントに縛られることになります。「有言実行」が期待できるというわけです。

　このように、将来の女性役員比率のコミットメントは、女性にとって、将来、自分が活躍できる可能性ある企業を選び出すための有用な情報になります。企業にとっても、優秀な女性人材のリテンション・リクルートに繋がりますから、企業にはこうした積極的なコミットメントを期待したいと思います。

3. 「ビジネスと人権」の観点からみたジェンダーギャップ

　次のご登壇者の菅原さんは、「ビジネスと人権」の観点からジェンダー問題についてご報告をくださいました。

(1) 企業の人権尊重責任とジェンダー問題

　ご報告にありましたように、「ビジネスと人権」に関しては、2011年の「ビジネスと人権に関する国連指導原則」が策定された後、日本でも、2020年に「『ビジネスと人権』に関する行動計画」が公表されました。企業では、サプライチェーンも含めた人権DDの取組が本格化しています。

　世界に目を向けると、ソフトローを通じた企業の行動のコントロールから、ハードローによる規律へというトレンドが見られるところです。グローバルな展開をする企業にとって、人権問題は今まで以上に重要性が高いリスクとして認識され、対応が求められるようになっていると思います。

　ジェンダーに関わる問題は、「ビジネスと人権」の重要な課題のひとつです。菅原さんのご報告にありましたように、ビジネスにおけるあらゆる活動をジェンダー視点、ジェンダーレンズを通して検討することが必要です。

(2) 経営リスクとは別次元の人権リスク

　芸能界での性加害問題における関係企業の対応の在り方など、私も昨今の報道などを見ておりまして考えさせられる点が多くございます。

　日本でもアメリカのエンターテインメント業界における「Me too 運動」
と同様のムーブメントが大きなうねりとなりつつあり、芸能事務所はもちろ
ん、放送局、スポンサーの対応が人権の観点から厳しく問われるようになっ
てきました。適切な対応をしない企業はレピュテーションの低下により企業
価値を毀損することになるでしょう。

　もっとも、忘れてならないのは、「ビジネスと人権」の問題は、本質的には、
経営リスクに解消される問題ではなく、弱い立場にある個人や集団の人権に
対するリスクであるということです。たとえば、芸能界の性加害問題につい
ていえば、ファンが問題にしなければレピュテーションリスクは限定的であ
るから対応不要、ということにはなりません。たとえ経営上ネガティブなイ
ンパクトがなくても、被害を訴えている人がいれば真摯に対応していくこと
が企業に求められます。

(3) ジェンダーギャップの解消を促すためのナラティブ

　あらためて自分のことを振り返ってみると、ジェンダーギャップの問題に
ついて特に企業の経営層の方とお話しする際、半ば無意識に、企業の経営の
視点で取組の必要性を語ることが多いことに気づかされます。ここまでのコ
メントで申し上げてきた、多様性確保による企業のサステナビリティ向上と
いったアップサイドの側面、人権問題を軽視することによる企業のレピュテ
ーション毀損といったダウンサイドの側面は、いずれも経営の視点でのナラ
ティブです。

　どうしてそのように語るのかといえば、ひとつには、経営の問題と説明し
た方が企業経営者に自分ごととして捉えてもらえるからということがありま
す。加えて、私自身がジェンダーギャップで負の影響を受けうる当事者、女
性のひとりであって、自分の利益を求めるためのナラティブでは相手を動か
す力が弱いと本能的に感じているのかもしれません。

　社会の規範や構造を変えることが容易でないことは、私ばかりでなく多く
の女性が実感として感じているところだと思います。差別だ、人権だ、とい

ったところで社会は簡単には変わらない、という諦念があり、自分ごととして捉えてもらうために経営視点のナラティブを選んでいるのだと思います。

　ただ、今日、こうしてコメントさせていただいて思うのは、ビジネスにおけるジェンダーギャップを扱う際、経営視点ばかりを強調しすぎることは、人権問題としての側面を覆い隠してしまうかもしれないということです。正面から人権問題としてジェンダーギャップを語る責任があるのかもしれないと感じています。

4.　女子大における女性のエンパワーメント

　髙梨先生のご報告では、日本女子大学における女性人材リカレント教育の取組みについてご紹介いただきました。変化の時代に適応できる人材を育成するリカレント教育は、社会における人的資本を蓄積する重要な意義があります。ここでは、それを女子大学で行うことの意味を考えてみたいと思います。

（1）女性のみを対象とする教育機関の存在意義

　女性のみを対象とする教育機関が生まれたのは、男性しか教育を受けられなかった時代に女性にも学ぶ機会を与えるためで、その当時の状況で女性のエンパワーメントに大きな役割を果たしてきました。では、誰もが教育を受けられるようになった今、女子大や女子校の存在意義はどこにあるのでしょうか。

　社会心理学の研究成果を見ますと、女性は、男性と一緒のグループでは競争を回避するような行動を取りがちである一方、女性だけのグループでは、男性を意識せず、リーダーシップを発揮することができ、自らを向上させようとする意欲が高まることが確認されているようです。これらは、男性がリーダーで女性はサポート役という、社会に根付いたジェンダー規範の影響であるといわれています。

　私は小学校から高校までは女子校育ちですが、当時の共学校では男子は生

徒会会長、女子は補佐的な副会長といった慣行も多かったのに対して、女子校では男性がリーダーで女性はサポート役という役割意識とは無縁でした。女子のみの教育機関には、旧来のジェンダー規範の世代間の伝達を遮断できるというポジティブな側面があると思っています。

　もっとも、伝統的な私立女子校の中には良妻賢母の育成を掲げて教育を行ってきたところもあり、構図として、保守的なジェンダー規範を再生産する場という側面もあったことは否めません。女性に特化した教育機関が社会のジェンダーギャップ解消に寄与していくためには、ジェンダー視点で教育内容を検証して、無意識のうちにジェンダー規範を教えこむ、いわゆる「隠れたカリキュラム」をなくしていく取組みが求められるだろうと思います。

(2) DX 領域の女性エンパワーメント

　日本女子大学は、1901 年の開学以来女性のエンパワーメントに大きな役割を果たしてきた高等教育機関であり、その理念体系、学長のインタビュー記事などを拝見しても、LGBTQ 関連の諸々の取組みなどみても、今日的なジェンダー視点での先進的な取組みをされていると拝察しております。本日ご報告いただいた女性リーダー育成のためのリカレント教育もその一例ということができるでしょう。

　３つのリカレント・コースのうち、次世代リーダーを目指す女性のためのDX 人材育成コースについて、コメントさせていただきます。

　DX 教育の基礎にあるのは、STEM（science, technology, engineering and mathematics）、つまり理系分野の教育です。理系分野については、男性のほうが女性よりも得意だという根強いステレオタイプがあることが知られています。女性自身も、理系分野での自分の能力を過小評価しがちだという実証的な研究成果もございます。こうしたことを踏まえると、女性だけを対象とした教育機関における DX 人材育成教育は、女性が気後れせずに理系知識の獲得にチャレンジすることを後押しすることになると考えられます。

　女性だけで学べるという環境を活かしたプロアクティブな取組みであり、

ご報告を伺って、その成果に大きな期待を持ちました。

4．VUCA の時代のフリーランスマインド

　青山さんのご報告では、育児、配偶者の転勤、介護、闘病という、女性のキャリアに立ちはだかるライフイベント上の困難を乗り越えるための実践的な知恵を、ご自身のご経験を踏まえて、具体的に教示いただきました。

（1）主体的・自律的に働くことのできる人材の重要性

　従来型の企業に入って活躍しようとすれば、根深く残っている男性中心の組織文化に適応していくことが求められます。また、女性が直面する数々のライフイベントは予め計画して対応できるものばかりではありません。企業でも女性が働きやすい仕組みを整えつつありますが、ライフイベントの影響を受けづらい男性を前提に用意されたコースに乗って、女性がキャリアアップしていくことは今なお簡単なこととはいえません。

　そうした現実を認めざるをえないところ、青山さんのご報告の中で心に響いたのは、楽しむこと、好奇心にしたがって生きることこそが個人にとってサステナブルな生き方である、フリーランスマインドをもつことは先の見通しの立たない VUCA の時代の最大のリスクヘッジになりうる、というお話です。

　組織に帰属しないフリーランスは、企業に正社員として勤務するのに比べれば生活の保障はありませんから、リスク回避的な生き方を好む人には向いていないのでしょう。フリーランスには、逆風をも自分の味方につけて「逆風満帆」の航海を楽しむ起業家精神が求められます。青山さんはそれを「フリーランスマインド」と呼んでおられました。

　昨今の企業経営において人的資本経営の重要性が説かれていますが、その人的資本経営の文脈でよく聞くのは「プロアクティブ人材」という言葉です。プロアクティブ人材とは、主体的かつ自律的に行動し、未来を先取りしながら周りを巻き込んで変革していく意思と能力をもった人材で、外部環境の大

きく変化する時代に組織に求められる人材だといわれています。青山さんの
おっしゃるフリーランスマインドと通じるところがあるように思います。

　VUCA の時代には、安心して寄りかかれる大樹だと思っていた企業もい
つ嵐で倒れるかわかりません。そんな時代には、安定志向のリスク回避的な
生き方は実は最大のリスクであり、組織に帰属していようがいまいが、リス
クをとって自分の力量で戦う気概をもったフリーランスマインドを持つこと
が究極のリスクヘッジになるのだという青山さんの言葉は示唆に富むものだ
ったと思います。

（2）フリーランスマインドをもつ人材の支援策

　フリーランスマインドをもって働くためには、社会の変化を先取りしてリ
スキリングのために不断の自己投資を行うこと、将来想定されるリスクを特
定しその発生の蓋然性と影響の大きさを踏まえたリスクマネジメントを行う
ことが不可欠です。特に、企業に所属せずに働くフリーランスという生き方
が決して甘いものでないことは、青山さんのご経験を伺ってよく理解できま
した。

　社会全体の人的資本の充実という観点からも、フリーランスマインドをも
った人材を育成・支援していくことは望ましいことだといえるでしょう。フ
リーランス新法のご紹介もありましたが、リカレント教育などの人材育成事
業に対する支援策も充実させていくべきだろうと思います。

5．メディア表現とステレオタイプ

　最後にご登壇いただいたのは、広告業界で活躍をされている岡村さんです。
岡村さんには、メディア表現というものが、社会のステレオタイプを強化す
ることにも、逆に女性のエンパワーメントにも繋がりうることを、アジア新
興国の興味深い実例を示してご説明いただきました。

(1) メディア表現の影響力

　日常生活でジェンダーバイアスのかかったテレビ番組を長年見続けてきた人はジェンダー・ステレオタイプが強いという興味深い研究結果があります。メディアがステレオタイプを「培養」する働きをもつということです。培養効果理論は、裏を返せば、ジェンダー視点でメディア表現を見直すことによって、ステレオタイプをなくしていくこともできるという希望を示唆しているともいえそうです。

　では、メディア表現におけるジェンダーバイアスを是正する具体的方策としてどのようなものがあるのでしょうか。広告に関して、岡本さんからは大阪府の自治体の広告等の発注ガイドラインの紹介がありましたが、カンヌの広告祭でのジェンダー平等をプロモートする広告の表彰、イギリスでの自主規制、UN Woman による取組みなど、広告表現でのジェンダーバイアスを是正していこうという動きが広がっています。

　作り手側にバイアスがあれば、ジェンダー視点でメディア表現を見直していくことはできません。メディア業界は男性中心の価値観がなお根強いと思いますが、岡本さんのような影響力のある方に活躍いただいて、作り手のステレオタイプを解消するような取組みを進めていくことが必要であると考えています。

(2) 日本のアニメで世界を変える

　岡本さんのご報告を伺いながら、メディア表現を使って社会のジェンダー規範を変えていくのに何が最も有効なのか考えていたのですが、アニメや漫画はどうでしょうか。アニメは幼い子どもたちがはじめて接する「社会」です。登場するキャラクターに自己同一化し夢中になってアニメを見ている子どもたちは、そこに描かれた世界観を深いところで内面化していくはずです。

　女の子向けのアニメ番組「プリキュラ」のプロデューサーは、ステレオタイプに染まった表現にならないよう細心の注意を払い、女性のエンパワーメントを意識するとともに、多様な価値観を描こうとしているといいます。そ

うしたアニメを見て育った子どもたちが大人になる 20 年後、30 年後には、多様性を尊重する価値観が社会にインストールされることになるのではないでしょうか。

　アニメは、日本が世界に誇るソフトパワーです。海外でも日本のアニメは大人気で、日本のアニメで育った大人のファンも多いことはご存知のとおりです。ジェンダーバイアスのない、そして多様性を包摂する世界観のアニメを日本から海外に広く発信することにより、日本のアニメは、女性活躍推進に国際的な貢献をなしうる可能性があるのではないかと思います。

6.　自分らしく生きること

　最後に今日のシンポジウム全体を通じて感じたことを申し上げます。

　これからキャリアを考える若い世代の方にとって、ロールモデルがあると、目指すべき姿を具体的にイメージすることができます。しかし、ロールモデルをただ模倣すればなりたい自分になれるかといえばそう簡単にはいきません。今、成功しているのは、過去から現在にいたるまでの社会で適応力があった人です。社会は大きく変化していますから、同じ戦略・戦術が通用するとは限りません。もしかすると、これまでの社会では成功するのが難しかった個性やマインドセットを持った人こそが、今後の社会で求められる人材かもしれません。ですから、本日の登壇者の皆さんをロールモデルにしてくださいとは敢えて申しません。若い世代の方には、社会で活躍している先輩から学びつつも、自分の可能性を信じて、自分らしく生きていただきたいと思っています。

　本日のシンポジウムは女性活躍推進というテーマでしたが、男性中心の既存の社会システムで男性と同じように成功することイコール女性活躍というわけではありません。もっと豊かな内容をもったムーブメントとして捉えるべきです。国連の SDGs では「誰一人取り残さない」を基本理念としています。女性活躍推進で目指すべきところは、同調圧力で誰もが縛られていた従前の価値観やマインドセットを相対化し、女性も、男性も、LGBTQ の方も

含め、すべての人が自分らしく生き生きと活躍できるような社会を実現して
いくことと考えています。

クロージングコメント

池田眞朗
八代英輝

池田　井上先生に素晴らしいアンカーコメントを頂戴しました。ここからは、私の結びの言葉に行くところなんですけれども、考えてみますと、きょうのご登壇者、そして、コメントをいただいた井上先生まで含めて、皆さん女性なんですよね。だから、このまま終わると、ジェンダー平等にならないので、お一人、きょう、かなり早い時期から入ってくださって、お仕事の後、聞いてくださった男性の方を、私のほうからスペシャルゲストでお呼びしたいと思います。本学法律学科で「ビジネス英語」という科目をお持ちいただいている、客員教授の方なんですが、テレビでおなじみの八代英輝先生です。きょうはありがとうございます。何かコメントをいただければと思います。よろしくお願いします。

八代　池田先生、本日はこのような素晴らしい企画に参加する機会をいただきまして、ありがとうございます。最後に、本当に門外漢中の門外漢のボスキャラのようなものが登場してしまって申し訳ないんですけれども、皆さんのお話を聞いておりまして、とても参考になりました。特に岡村さん、業界

のレジェンドの方ですね。とても面白かったです。

　私もビジネス英語をこの大学で教えさせていただいて、３年生を担当している関係で、皆さん、就職を意識されていると。できれば皆さんに海外を見据えてほしいということで、英文での履歴書の書き方というのを、講義の最後にレクチャーするようにしております。非常に皆さん、興味深く聞いてくれるんですけれど、そこで皆さんが衝撃を受けることというのがいくつかありまして、まず英文の履歴書には、決して写真を貼ってはいけないというのが、第一のルールです。これ、今、ちまたでは、どういうふうにきれいに履歴書用の写真を撮るのか、あるいはきれいに撮るべきなのか、ルッキズムとの関係でも、いろいろ問題となっておりますが、そもそも履歴書に写真というものが、本人の仕事へのキャパシティーを判断するにおいて必要なのかという議論があるかと思います。これ、池田先生にもご研究を、成果を教えていただければなと思うんですけれど、英米法系の国では、基本的には写真を貼らないということになっておりまして、大陸法系、ヨーロッパは写真を貼る。ドイツ、フランスなどは写真を貼る。イギリスは法律で禁止する。非常に面白い、興味深いところがあるなというふうに感じました。

　もう一つ、履歴書に書いてはいけないことということでお話しするんですけれど、そのうちの一つが性別です。性別は決して書かないようにしてください。それを書いただけで、履歴書が受け入れられなくなりますと。それぐらい、アメリカでは性別を書くということに対して、非常にセンシティブというか、仕事のキャパシティーにおいて、性別を書かせるということ自体が必要ないだろうということになっています。

　もう一つ、日本では当然のように書かなければいけないことなんですけれども、実は書いてはいけないのが、生年月日。年齢というものが、仕事の能力を判断するに当たって、必要な情報なのかということについては、非常に疑問があるということだと思います。ニューヨークの法律事務所に勤務していた時の話なんですが、私のメールを各席に届けてくれるメールマンという担当の方がいらっしゃるんですけれど、その方は90歳近くの方で、でも、

ご自身の仕事には非常にプライドを持ってやっていらっしゃいました。

　僕はメディアに出ている仕事もしていて、とても感じるんですけれども、日本は儒教社会で、いいところはあるんだと思います、長幼の序といった意味で。ただ、日本ほど、相手の、特に女性に対してもなんですけれど、年齢を気にする、年齢をぶしつけに聞くことができるという文化というのは、これは駆逐しなければいけないんじゃないかなと思っておりまして、私はジェンダー平等と年齢による差別、これは表裏一体のものではないかなというふうに常々思っています。テレビで見ていますと、当たり前のように何十代女性、と年齢が出てきます。街角でお話を伺っている女性についても、年齢が出てきます。こんなことが出てくるのは日本ぐらいでして、私もかつてテレビ局でも、こういったことはやめたほうがいいんじゃないかということを議論したことがあるんですけれども、テレビ局の複数の局のプロデューサーの皆さんの言い分は、この情報は視聴者が求めている情報なんですよというのが、一様なお答えでした。

　そこで私は思ったんですけれども、自分たちから求めるものの意識を変えていかなければならないなというふうに思いました。先ほど人権という話がありました。人権で、私が一番最初に思い付いたのが、勝ち取ってこられたものという印象だったんですね。意識を変えて、勝ち取っていかなければ、なかなか当たり前のように社会が変わっていくということはないんじゃないかというふうに思います。それはジェンダーの部分でもそうですし、年齢の面でも、同じようなことが当てはまると思います。ですので、私はぜひアメリカとか、海外にチャレンジする学生の皆さんに、アメリカのスタンダードを知っていただきたい。決してアメリカが全ていいというふうに思っているわけではなくて、アメリカって建前だけの国というところが非常にあるんですけれども、でも、先ほど岡村さんがお話しされてましたように、フィリピンもそうなんですけれども、アメリカもそうなんですけれど、建前だけでも同じにしていこうという意識が非常に強い。それは社会を変える原動力になっていくんではないかなというふうに思います。

　話が長くなってしまいましたけれども、唯一の男性参加者として、耳の痛い部分のお話もありましたけれども、とても参考になりました。勉強にもなりました。ありがとうございました。

池田　八代先生、ありがとうございました。そのまま画面に残っていてくださいますか。

八代　もちろんです。

池田　それで、本日の前半の司会をしてくださった、法律学科の金安妮先生、よかったら画面に登場してください。このメンバーで、私のクロージングをしたいと思いますが、実は八代先生を最後にお願いして、今、すごくよかったなと思っているんです。というのは、ご自身の授業内容から説き起こして目からうろこのお話をしてくださっただけでなく、私が最後に使おうと思ったキーワードを、八代先生が見事に使ってくださったんです。私、ここで最後に、制度と意識という話をしようと思ったんですね。

　きょうは、皆さんにいろいろな角度からのお話をいただいて、実はマックスで、私どもも含めてですけれど、100名近くの方が参加してくださった。そのうち半数近くの人は社会人なんです。弁護士さんとか、いろいろな企業の方もたくさんいらっしゃって、学生・院生ばかりじゃなかったんですけれども、その多様性のある皆さんのそれぞれにも、少しでもお役に立てればよかったなと思います。

　最初にお話ししたように、ビジネス法務学というのが、これからいろいろな学問のハブになって、世の中を持続可能な状態で良くしていくために、必要な学問になるんだということを申し上げたときに、問題は、きょうの女性活躍というのは、まさにその一つの典型なんですが、法律や制度を作っても、それだけじゃ駄目なんですと。それで今日の主題の「なぜいつまでも」後進国のままなのか、という話になるわけです。

　そうすると、われわれの一人一人の意識みたいなものが問題なんだ、というところへ来るわけなのですが、では、その意識を高めればそれでいいのかというと、そうではなくて、それを具体的な形にしないといけないんですよね、実現する形に。それが、ビジネス法務学がめざす、当事者一人一人による「ルール創り」だと思っているわけです。

　ビジネス法務学は、「創意工夫を契約でつないでいく」ということを、一番の要諦、根本的なところにしたいと私は言っておりまして、例えばきょうの女性活躍のお話についても、ビジネス法務学として、私がどんなふうにここから皆さんのお知恵を拝借して話を持っていくかというところで、二つぐらい例を挙げてみます。

　一つは、佐賀県庁の男性職員の育児休暇の取得率なんです。これ、日本経済新聞に載っていたんですけれど、2年前まで佐賀県庁では、男性職員の2週間以上の育休の取得率は30％だったんだそうです。それが今や100％なんですって。どうしてそんなふうに変わったのかといったら、これは佐賀県庁の山口知事が偉いんですよ。それまでは、取得希望者が申請書類を提出していたんですね。育児休暇を2週間以上取りたいという男性が提出していた。それを山口さん、どう変えたか。「育児休暇を取得しない場合は、所属長が不取得の理由書を提出する」というルールを創った。まさに逆転の発想なんですね。オプトインをオプトアウトにしたんですね。それでその結果、発想を逆転させたら、所属長は部下が取得しない理由を書いて出さなきゃいけなくなるんで、これが100％にひっくり返ったわけです。つまりこれは、私が一方で「行動立法学」という論文を書いて、誰のためのルールか、こういうルールがないと誰がどう困るかを考えて、ルールを創りましょうという話をしてるんですけれども、まさにその実践例でもあるし、本当に創意工夫をルールに実現させた形ですよね。

　もう一つ、同じく日本経済新聞から。これは本当に小さな記事だったんですけれど、山梨県の甲州、甲州ブドウの甲州です。「甲州タクシー」という会社が、軽電気自動車タクシー2台を導入して、女性パート運転手2人を新

規に採用して、運行する。わずか2人だけの話ですけれど、新規採用の女性が軽EVタクシーを運転するという。日中の時間のパート勤務で、主に地元の高齢者の通院や買い物などの送迎を担当する。こういう記事なんですけれど、これはビジネス法務学の要素が満載なんですね。

　要するに、超高齢化社会のモビリティー、運転手不足の対応、ジェンダーフリーの女性活躍、それからゼロエミッション。これらの全てをつぎ込んだようなお話になっているんです。こういうところに「創意工夫を契約でつなぐ」という真髄を見いだして、今みたいな細かい各論を一方に置きながら、総論としては、いろんな学問体系をつないで、ビジネス法務学というものを、企業や金融機関の利益のためではなくて、人間社会の持続可能性というのを一番の目標に置いて、そういう学問を確立していきたいと。

　私どもの武蔵野大学の大学院法学研究科は、「ビジネス法務専攻」なんです。つくったときには、きょう、お話ししたようなところまで、まだ私の頭は行っていなかったんですが、ようやくこの1年でそういう学問としての内容、方向性が固まってきております。

　ビジネスロー専攻の大学院としての先達である一橋大学の井上先生には、本学の客員教授として、大学院の「知的財産政策」という科目を教えていただいているんですけれども、それもあって、きょう、アンカーコメンテーターをお願いしたというわけです。そして最後に八代さん、ありがとうございました。囲碁で言うと最後の一石をきちんと置いてくださったという感じで。

八代　とんでもないことです。

池田　もちろんそこまでの報告者の皆さまがたが、素晴らしかったんですけれども。

八代　おっしゃるとおりです。

池田　これで、劣勢だった男性のほうも、何とかバランスを整えた形で終えられるかと思います。それから、司会の金先生もありがとうございました。ということで、17時30分終了予定というのが、今、27分ぐらいになっていますから、主催者としては、進行管理のほうもうまくいって、大喜びで終えられるということになりました。きょうは多数の方に聴いていただきまして、最後までのご視聴、本当に感謝いたします。

　もちろん、本日の主題については、わが国の明治以来の歴史とか、アンコンシャスバイアスなど、さらに様々な角度から「なぜいつまでも」の検討を加える必要があると思いますが、今日こうやって100人近い人が集まった機会が、何かまた新しい日本社会のメリットというか、いいものを生み出していく力になればと思っております。本日は本当にありがとうございました。以上で、きょうのシンポジウム、終了にします。お疲れさまでした。どうもありがとうございました。

八代　ありがとうございました。

池田　視聴者の皆さん、これ、もし拍手マークが出るような画面であれば、それできょうの報告者や、コメントをいただいた皆さんに、拍手を送ってください。ありがとうございました。これで終了とします。

（了）

女性のキャリア形成を阻む
「見えない壁」とは
——心理学的観点からの分析と提言

矢澤美香子

I　はじめに

　近年、世界各国において女性の社会進出が進んでいる。SDGs（Sustainable Development Goals; 持続可能な開発目標）の目標 5 には「ジェンダー平等を実現しよう」が示されており、さらに 9 つのターゲットの中には、"女性・女子に対するあらゆる差別の撤廃や暴力の排除"、"無報酬の育児・介護や家事労働の認識や評価"、"政治・経済・公共分野での女性の参加や平等なリーダーシップの機会の確保"、"女性のエンパワーメント促進のための実現技術の活用・強化"、"適正な政策や拘束力のある法規の導入・強化"等が掲げられている[1]。

　わが国においても、女性の就業者数は、新型コロナウイルス感染拡大の影

---

1)　外務省 JAPAN SDGs Action Platform「グローバル指標 (Sustainable Development Goal indicators) 5: ジェンダー平等を実現しよう」https://www.mofa.go.jp/mofaj/gaiko/oda/sdgs/statistics/goal5.html 参照（2024 年 1 月 10 日）。

響によって 2020 年は前年より減少したものの、2012 年から 2021 年までの 9 年間で約 340 万人増加している[2][3]。2020 年の女性の生産年齢人口の就業率は 70.6% と OECD 平均の 59.0% と比較しても高く、38 カ国中 13 位であった[4]。また、2015 年 8 月には「女性の職業生活における活躍の推進に関する法律（女性活躍推進法）」が国会で成立している。本法は、女性活躍を「自らの意思によって職業生活を営み、又は営もうとする女性がその個性と能力を十分に発揮して職業生活において活躍すること」と定義し、女性活躍社会の実現を目指すものである。事業主（国や地方公共団体、民間企業等）に対して、女性活躍推進についての状況把握や課題分析、実現に向けた数値目標を盛り込んだ行動計画の策定・公表、女性の職業生活における活躍に関する情報の公表を義務付けている。2016 年 4 月の施行以降、300 人以下の事業主ではこれらの取り組みを努力義務としていたが、法改正により 2022 年 4 月からは 101 人以上の事業主にも義務化し、対象を拡大している。このように女性活躍推進の機運は急速に高まっているといえよう。その背景要因の一つには、日本の労働力不足の問題がある。少子高齢化が進んでおり、総人口が減少の一途をたどるわが国において、多様な人材をいかに確保していくかは喫緊の課題であり、女性の労働参加が一層期待されている状況にある。

　しかし、現状、日本はジェンダー平等において、各国に大きく遅れをとっている。世界経済フォーラム（World Economic Forum：WEF）が 2023 年 6 月に発表した各国の男女格差を測るジェンダー・ギャップ指数（Gender Gap Index：GGI）では、日本の総合スコアの順位は 146 カ国中 125 位で

---

2)　内閣府男女共同参画局「女性活躍に関する基礎データ」（2022（令和 4）年 7 月 19 日）参照。

3)　前掲注（2）「女性活躍の現状 1：雇用（女性就業者の推移）」1 頁参照。総務省「労働力調査（基本集計）」の数値をもとに算出された。

4)　前掲注（2）「女性活躍の現状 1：雇用（女性（15 〜 64 歳）就業率の国際比較）」2 頁参照。OECD「OECD Stat」にもとづき「15 〜 64 歳就業者数」/「15 〜 64 歳人口」× 100 にて就業率が算出された。

あった[5]。特に政治分野（議員・閣僚の比率等）の低さが顕著であり、経済分野（同一労働における賃金の男女格差、推定勤労所得の男女比、管理的職業従事者の男女、専門・技術者の男女比）も低い傾向にある。

　日本が女性活躍推進後進国であることは否めず、その要因は数多あると考えられるが、関連する法律の制定や施行、行政、企業における制度の改革など、女性活躍を阻む「物理的障壁」を取り除く作業は、少しずつだが進展しているともいえよう。しかし、実際に法律や制度を運用するのは、当然ながら組織や社会を構成する人間であり、人々のこころの働きが良くも悪くも作用する。本稿では、こうしたこころの働きが、女性のキャリア形成を阻む「見えない壁」、すなわち「心理的障壁」となっているのではないか、という仮説のもとに、心理学的観点から問題を分析し、考察する。

II　多様化する現代女性のライフコース

　急速な AI 技術の進化や情報化、グローバル化の進展など、人々を取り巻く環境は著しく変化している。近年の新型コロナウイルス（COVID-19）をはじめとする世界規模での感染症拡大や災害、戦争、異常気象の発生など、極めて先行きが不透明で将来の予測が困難な「VUCA」時代に突入したとも言われている[6]。日本は近く「人生 100 年時代」を迎えるとも推測されており、これまでの社会、環境、労働のあり方が大きな変革の時を迎えようとする中、男女問わず、人々は長い人生をどのように働き、生きるかという問いと向き合う必要性に一層迫られている。

---

5)　男女共同参画局「ジェンダー・ギャップ指数（GGI）2023 年）参照。世界経済フォーラム「Global Gender Gap Report 2023」をもとに作成された。日本の総合スコアは 0.647（昨年 0.650）。経済・教育・健康・政治の 4 分野のデータから作成され、0 が完全不平等、1 が完全平等を示す。

6)　こうした状況を、Volatility（変動性）・Uncertainty（不確実性）・Complexity（複雑性）・Ambiguity（曖昧性）の頭文字を取り「VUCA」時代と呼称されている。

　こうした情勢や女性の高学歴化、就業機会の拡大にともない、女性のライフコース（個々の人生の道筋）は多様化し、その希望のあり方も変化している。2021 年の国立社会保障・人口問題研究所は、18 歳から 34 歳の女性の独身者を対象に、今後の人生において結婚、出産・子育て、仕事をどのように組み合わせるか、その理想とするライフコースに関する調査を行っている[7]。その結果、「両立コース」が前回調査（2015 年）から増加し（32.3% → 34.0%）、初めて最多となった。また、「非婚就業コース」（5.8% → 12.2%）、「DINKsコース」（4.1% → 7.7%）を理想とする人も増加していた。一方、「再就職コース」（34.6% → 26.1%）、「専業主婦コース」（18.2% → 13.8%）は前回から減少していた。実際、年齢階級別労働力の推移をみると、わが国では長らく、女性の結婚・出産・育児期に当たる 20 代後半から 30 代前半を底とする M 字カーブを描いていたが、近年この傾向は薄らいでいる[8][9]。2002（平成 14）年と 2022（令和 2）年を比較すると、25 ～ 29 歳は、71.8% から87.7%、30 ～ 34 歳では 60.3% から 80.6% と上昇傾向にある。M 字の底となる年齢階級も 30 代前半から後半へと変化しており、いわゆる先進諸国で見られる台形に近づいている[10]。また、共働き世帯数は、1997 年以降、専

---

7)　国立社会保障・人口問題研究所「2021 年社会保障・人口問題基本調査（結婚と出産に関する全国調査）現代日本の結婚と出産 - 第 16 回出生動向基本調査（独身者調査ならびに夫婦調査）報告書 -」（調査研究報告資料 40 号 2023 年 8 月 31 日）参照。調査で選択肢に示されたライフコース像は、「非婚就業コース（結婚せず、仕事を続ける）」「DINKs（Double Income No Kids）コース（結婚するが意図的に子どもは持たず、仕事を続ける）」「結婚し子どもを持つが、仕事も続ける（両立コース）」「再就職コース（結婚し子どもを持つが、結婚あるいは出産の機会にいったん退職し、子育て後に再び仕事を持つ）」「専業主婦コース（結婚し子どもを持ち、結婚あるいは出産の機会に退職し、その後は仕事を持たない）」「その他」であった。

8)　内閣府男女共同参画局「令和 5 年版男女共同参画白書」参照。

9)　前掲注（8）特 -3 図「女性の年齢階級別労働力人口比率の推移」10 頁参照。

10)　前掲注（2）「女性活躍の現状 1：雇用（女性の年齢階級別労働力率の国際比較）」4 頁参照。総務省「労働力調査（基本集計）」（令和 3（2021）年），その他の国は ILO "ILOSTAT" にもとづく。

業主婦世帯数を上回って増加を続け、2021 年には専業主婦世帯が 430 世帯、共働き世帯は 1191 世帯とおよそ 3 倍近い [11]。これらのことから、ライフイベントの有無を問わず、継続的に就労するコースを希望し、実際に選択する女性は増加傾向にあることがうかがえる。

　しかし、個々人の希望する働き方が実現されているとは限らない。例えば、女性の年齢階級別正規雇用比率のグラフは、25 〜 29 歳の 58.7% をピークに 30 〜 34 歳は 45.9%、以降はゆるやかに低下するという、いわゆる L 字カーブは解消されておらず、30 代以降の女性雇用者の半分以上が非正規雇用労働者であることを意味する。年々、第 1 子出産後も就業を継続する女性は増加しており、その割合は直近で第 1 子出産前有職者の約 7 割である [12]。しかし、従業上の地位別の就業継続率は、「正規の職員」及び「自営業主・家族従業者・内職」では 8 割を超えているのに対し、「パート・派遣」では約 4 割にとどまっており、雇用形態で大きな差がある [13]。学歴の高さや専門職・管理職への従事、経済的自立性の高さが女性のライフ・コースの多様化に関連する一方、出産や育児による就業の中断はライフ・コースの多様化を抑制する効果を持つことが、研究結果によって示されている [14]。また、非正規雇用労働者に"どのような条件であれば「正規雇用労働者」として働きたいと思うか"を尋ねた調査 [15] では、「働く時間を調整しやすい・融通がきく仕事であれば」（男性 29.3%, 女性 43.8%）、「自分の家事・育児など

---

11)　前掲注（8）。「共働き世帯数と専業主婦世帯数の推移（妻が 64 歳以下の世帯）」4 頁参照。

12)　前掲注（8）。特 -11 図「子供の出生年別第 1 子出産前後の妻の就業経歴」21 頁参照。

13)　前掲注（8）。「第 1 子出産前有職者の就業継続率」22 頁参照。

14)　福田亘孝（2006）。「ライフ・コースは多様化しているか？—最適マッチング法によるライフ・コース分析」西野理子・稲葉昭英・嶋﨑尚子編『第 2 回家族についての全国調査（NFRJ03）第 2 次報告書 No.1：夫婦, 世帯, ライフコース』日本家族社会学会全国家族調査委員会, 167-181 頁参照。

15)　前掲注（7）。20 〜 39 歳「どのような条件であれば「正規雇用労働者」として働きたいと思うか」65 頁参照。

の負担が軽くなれば」（男性 6.7%, 女性 20.4%）、「仕事と育児・介護との両立に関して理解のある職場であれば」（男性 6.9%, 女性 24.2%）は、顕著に女性の回答が男性を上回っていた。特に後者 2 項目では、20 〜 39 歳で子供を持つ女性の回答は持たない女性より 20 ポイント以上高かった。この背景には、"女性が家事をやるべき"や"男性は家庭よりも仕事を優先するべき"といった性別役割意識が、ライフコースの選択に影響している可能性があるだろう。

　ライフ・コースの選択肢自体は広がりつつあるものの、個人の社会経済的属性によって多様化の程度には差が生じ、出産・育児・介護などのライフイベントによって希望するライフコースを選択することが困難な者も少なくない。このことは、わが国の男女間賃金格差や女性管理職の少なさとも深く関係していると推察する。新たな時代において、女性活躍の実現は、女性の希望するキャリア形成の実現およびその支援と切り離して考えることはできない。そのためには、男女問わず、キャリアアップや仕事と私生活の両立を妨げる要因（障壁）は何か、を理解する必要があるだろう。この観点を軸に、ここではさらに「心理的障壁」の一つとして、ジェンダーに関わる「思い込み」に着目し、意識的、無意識的な認知が個人や集団の行動、態度に及ぼす影響について論考する。

III　女性のキャリア形成と心理的障壁

1.「性別役割意識」という心理的障壁

　女性のキャリア形成を阻むこころの働き、「思い込み」として、「ステレオタイプ」や「バイアス」がある。両者は類似しているが、ステレオタイプは、いわば"固定観念"のことであり、社会的に定着している一般化した認知を意味し、肯定的、否定的認知の双方を含む。他方、バイアスは"偏見"のことであり、偏った認知を意味し、否定的、感情的な認知であるという点で異なるともいえる[16]。「男性（女性）が◯◯すべきだ」といった性別に関して人々

が持つ固定的な考えや思い込みは「ジェンダー・ステレオタイプ」や「ジェンダー・バイアス」と呼ばれている。また、ステレオタイプやバイアスの認知は、顕在的（意識できる）、潜在的（意識できない、無意識）かという観点から捉えることもできる。特に、近年、女性活躍推進に影響を及ぼす要因として「アンコンシャス・バイアス（無意識の偏見）」が注目されており、英語では"implicit bias（暗黙的な偏見）"とも呼ばれている。気づかないうちに個人の中に形成され、誰もが潜在的にもっているが、無意識下の認知であるがために、個人の中で気づかれにくく、意図せず行動に影響を及ぼしている可能性がある。

　内閣府男女共同参画局は、2021（令和3）年度より、全国の20～60代の男女を対象に「性別による無意識の思い込み（アンコンシャス・バイアス）に関する調査研究」（以下、「性別役割意識に関する調査」とする）を実施している。性別役割意識とは、男女を問わず個人の能力等によって役割を決めることが適当であるにも関わらず、「男は仕事・女は家庭」「男性は主要な業務・女性は補助的業務」などのように、男性、女性という性別を理由として役割を分ける考え方のことである[17]。この伝統的、固定的な「性別役割意識」が男女平等格差につながると考えられており、昨今、こうした意識の緩和により女性活躍を阻む壁の解消に向かうことが期待され[18]、さまざまな調査や取り組みが行われている。2022年（令和4年）度の「性別役割意識に関する調査」の結果[19]では、「男性は仕事をして家計を支えるべきだ」とい

---

16)　本稿では、「ステレオタイプ」と「バイアス」は、ほぼ同義として扱うが、先行研究や資料に合わせて適宜用語を使用する。

17)　政府調査では「性別役割分担意識」の語が使用されているが、関連する資料では「性別役割分業意識」や「性別役割意識」などの語も使用されている。本稿では、「性別役割意識」の語に統一して使用することとする。

18)　内閣府男女共同参画局「女性の職業生活における活躍の推進に関する基本方針」（平成27年9月25日閣議決定）参照。

19)　内閣府「令和4年度 性別による無意識の思い込み（アンコンシャス・バイアス）に関する調査研究」（令和4（2022）年11月公表）「性別役割意識（全体）」6頁参照。

う項目が、男女ともに最も上位（「そう思う」「どちらかといえばそう思う」の回答の合計の割合が上位）であり、約半数（男性 48.7%、女性 44.9%）がそのように考えているという結果であった。

　ただし、内閣府による「性別役割意識に関する調査」は、「無意識の思い込み（アンコンシャス・バイアス）」を測定しているのか疑問が残る。昨今、アンコンシャス・バイアスの誤用が問題として指摘されている[20]。「アンコンシャス」は、その語の通り"無意識"下の認知のはずである。しかし、本調査は、性別役割意識に関する質問に対して"意識できる"反応として回答されたものである。すなわち、顕在的な偏見やステレオタイプを測定しているに過ぎず、本来の意味のアンコンシャス・バイアスとは言い難い。わが国では、"自分に偏見があることに気づいていない"ではなく、"自分の考えが偏見にあたることに気づいていない（悪気がない）"のような意味で使用されることが多くなっている[21]という。

　心理学領域では、顕在意識の反応を自己報告式の質問紙によって測定することが多い。他方、無意識下の反応を測定する方法として代表的なものには、「潜在連合テスト（Implicit Association Test[22]：以下 IAT とする）がある。これは、潜在的態度の測定対象（例えば、男性 – 女性）と対になる概念（例えば、上司 – 部下）を用意する。コンピューター画面上で、測定対象と概念のセットを上部左右に配置し、それぞれにキーを割り当てる（例えば、左のセットは「e」、右のセットは「i」）。その後、単語（例えば、「服従」「雑用係」など）を一つずつ中央に提示し、回答者はキーを押して単語を左右どちらか

---

20)　小林敦子（2023）．職場で使えるジェンダー・ハラスメント対策ブック – アンコンシャス・バイアスに切り込む戦略的研修プログラム 現代書館　100-110 頁。

21)　前掲注（20）。

22)　Greenwald, A.G., McGhee, D.E. & Schwartz, J.L. (1998). "Measuring Individual Differences in Implicit Cognition: The Implicit Association Test". Journal of Personality and Social Psychology, 74 (6), pp. 1464-1480 頁参照。手続きにおける刺激は、前掲注（20）の書籍付録 3（185-189 頁）を参考にした。

に分類する作業を行う。潜在的ステレオタイプに対して、一致（例えば、「男性—上司」「女性—部下」）、不一致（例えば、「女性—上司」「男性—部下」）のセットそれぞれで施行し、回答者の反応時間を計測する。潜在的な測定対象と概念のセットと単語の結びつきが強ければ、反応時間は短くなるため、一致、不一致の反応時間の差で潜在的なステレオタイプの結びつきの程度を測定する。例えば、IAT を用いた実験によれば、参加者は男性名を「理系職業」や「キャリア」、女性名を「文系職業」や「家庭」に分類する傾向にあり、潜在的なジェンダー・バイアスが示されている。また、顕在的な回答と潜在的な回答における乖離を示す結果もみられた[23]。また、1973 年以降のジェンダー・バイアス研究を対象としたシステマティック・レビューでは、評価者は、女性の応募者を同程度の能力を持つ男性よりも能力や雇用可能性を低く評価することが示され、こうしたジェンダー・バイアスは、30 年以上変わっていないことが明らかとなった[24]。

　意識下の反応と無意識下の反応の線引きは、難しく曖昧でもある。また、無意識が必ず行動を説明するものともいえない。しかし、両反応は必ずしも一致しないことや無意識が行動、態度にもたらす影響について理解し、認識しておくことは肝要であろう。自己報告式によって測定される回答は、社会的望ましさの影響などにより、意識的にも無意識的にも歪む可能性がある。特に、バイアスのように社会的に望ましくない態度や反応を測定する場合にはその傾向があらわれやすい。一方で、IAT のように潜在的な認知の測定は、回答者の意図の影響を受けにくい。

　自己報告式と IAT による測定のメタ分析では、特に認知的判断において、

---

23)　Nosek, B.A., Banaji, M. & Greenwald, A.G. (2002). "Harvesting Implicit Group Attitudes and Beliefs from a Demonstration Web Site". Group Dynamics: Theory, Research, and Practice, 6(1), pp. 101- 115.

24)　Isaac, C., Lee, B. & Carnes, M. (2009). "Interventions that Affect Gender Bias in Hiring: A Systematic Review". Academic Medicine, 84 (10), pp. 1440-1446.

両者の相関は低いことが報告されている[25]。"自分はジェンダー・バイアスを持っていない"と表層では認知していても、潜在的にはバイアスを持っていることは十分にある。自分は客観的であると認識している人こそ、同等に評価されるはずの男女候補者に対して、女性候補者への評価で明らかな偏見を示したことが報告されており、そうした認識こそが差別を助長する可能性がある[26]。意識的反応と無意識的反応には相違が生じることを理解し、無意識的に自分の意図しない行動が現れ得ることを認識しておく必要があるだろう。

2. 能力発揮を阻む心理的障壁

　日本のジェンダーギャップ指数の低さには、指導的立場の女性の少なさや男女の賃金格差などが影響している。しかし、法律や制度といった物理的要因だけではなく、ジェンダーに関する思い込みが、人の行動を変えている可能性がある。さらに、それは評価する側だけではなく、評価される側自らの思い込みによることも考えられる。

　例えば、人は自分の属する集団におけるネガティブなステレオタイプを意識し、それにより評価される懸念を持つことで、自らのパフォーマンスを低下させてしまうことがある。この現象は「ステレオタイプ脅威（stereotype threat）」と呼ばれる。有名な実験として、成績が同等の男女大学生を対象に数学のテストを実施する際、性差があると教示した場合、実際に女子学生の数学のテスト成績が低下した。しかし、性差がないと教示を与えると、男

25)　Hofmann,W., Gawronski, B., Gschwendner,T., Le, H., & Schmitt, M. (2005). A meta-analysis on the correlation between the implicit association test and explicit self-report measures. Personality and Social Psychology Bulletin, 31 (10), pp. 1369-1385. 参照。

26)　Uhlmann, E.L., & Cohen, G. L. (2007). "I think it, therefore it's true": Effects of self-perceived objectivity on hiring discrimination. Organizational Behavior and Human Decision Processes, 104, pp. 207-223. 参照。

女で成績に差はなくなった[27]。前者の結果は「女性は数学が苦手である」というステレオタイプの認識によるものであり、後者の現象はその先入観を排除したことでステレオタイプ脅威が軽減したのである。

　わが国の管理的職業従事者に占める女性の割合は、2021（令和3）年では13.2% であり、おおむね30% 以上である諸外国と比べて低い水準であった[28]。また、日本の消費者パネル調査のデータ（1997年〜2016年）にもとづく分析によれば、妻の所得が夫の所得を超えないように管理されている（妻の相対所得が50%を境に急低下する）傾向にあることや、夫より多くの収入を得る可能性の高い妻は、そもそも働きに出ることを控える（就業確率が低い）傾向にあることが明らかにされた[29]。無論これらの結果には、さまざまな要因が関連していると推測される。しかし、内閣府の「性別役割意識に関する調査」では男女ともに「組織のリーダーは男性の方が向いている」という項目や「男性は仕事をして家計を支えるべきだ」という項目への回答が男女共に上位であった[30]。よって、可能性のひとつとして、ステレオタイプ脅威によりこうした性別役割意識が意識され（無意識的であることも含め）、女性がキャリアアップや就業につながる行動を自ら抑制していることも考えられる。本来ならばリーダー的役割や就労に従事することにより、高い能力が発揮できる機会を逃しているのかもしれない。逆に、Spencer らの

27)　Spencer, S.J., Steele, C.M. & Quinn, D.M. (1999). Stereotype threat and women's math performance. Journal of Experimental Social Psychology, 35, pp. 4-28. 参照。

28)　前掲注（2）「女性活躍の現状 2: 職位（就業者・管理的職業従事者に占める女性の割合の国際比較）」6 頁参照。総務省「労働力調査（基本集計）」2021（令和 3）年、その他の国は ILO"ILOSTAT" に基づく。

29)　Sakamoto, K., & Morita, Y. (2023). Gender identity and market and non-market work of married women: evidence from Japan. Review of Economics of the Household. DOI:10.1007/s11150-023-09661-x

30)　前掲注（19）「性別役割意識（全体）」6 頁、「性別役割意識＜シーン別＞」8 頁参照。

実験結果 [22] が示すように、ステレオタイプ脅威を緩和させるアプローチが
こうした問題改善の糸口になり得るともいえる。

3. 出産・育児に関わる心理的障壁

　女性のキャリア形成において、結婚や出産、育児、介護などのライフイベ
ントをいかに乗り越えるかは、重要な課題である。ここでは、キャリア初期
から中期に経験されることの多い出産・育児に着目する。

　近年の女性の育児休業取得率は8割台で推移している。男性もここ数年
は上昇傾向にあるが、2021（令和3）年度は、民間企業で13.97%と女性
に比べて依然として低い水準にある [31]。また、民間企業の男性の育児休業
取得期間は、次第に長期化しているものの、約半数が2週間未満、約9割
が3か月未満であり、約8割が10か月以上取得している女性と比較して短
期間の取得となっている [32]。男性の育児休業取得促進のため、2021（令和3）
年に育児・介護休業法が改正され、育休をより柔軟に取得できる枠組みの設
定や分割での取得、取得状況の公表の義務付けなどが、2022（令和4）年4
月より段階的に施行されている。法改正や制度改善により、男性の育休取得
を阻む物理的障壁を取り除く試みは、徐々に進んでいる。

　では、男性の育児休業取得を阻む心理的障壁は何か。一つには、職場の"雰
囲気"や"風土"、"理解"という見えにくい壁があると考えられる。例えば、
男性社員の約3割が「職場に育児休業制度を取得しづらい雰囲気があること」
や「会社や上司、職場の育児休業取得への理解のなさ」を制度を利用しなか

---

31)　前掲注（8）特 -18 図「育児休業取得率の推移」28 頁。男性の国家公務員は 34%、
　　地方公務員は 19.5% であった。
32)　前掲注（8）特 -19 図「育児休業取得期間」29 頁参照。
33)　株式会社日本能率協会総合研究所 厚生労働省委託事業「令和 2 年度 仕事と育児等
　　の両立に関する実態把握のための調査研究事業報告書」参照。「職場が育児休業制度を
　　取得しづらい雰囲気だったから、または会社や上司、職場の育児休業取得への理解がな
　　かったから」という回答は、男性で 27.3%、女性で 10.8% であった。

った理由として回答している[33]。また、「男性は出産休暇／育児休業を取るべきでない」「仕事より育児を優先する男性は仕事へのやる気が低い」といった性別役割意識に賛同する男性は、20代が約2割程度と他の世代より高く、男女の差も顕著であった[34]。若い世代ほど、育児未経験による実感のなさやキャリア初期ゆえに育児休業取得と仕事への態度の評価の結びつきやすさがあるのかもしれない。

　また、男性の育児休業取得を妨げる要因として「多元的無知（pluralistic ignorance）」に着目した研究がある。多元的無知とは、「集団の多くの成員が、自分自身は集団規範を受け入れていないにもかかわらず、他の成員のほとんどがその規範を受けいれていると信じている状況」と定義されている[35]。Miyajimaらは、自分の職場に育児休業制度があることを認識している20代から40代の既婚男性を対象に、育児休業取得に対する態度を調査した。その結果、自分は男性の育児休業取得に対して肯定的であっても、他者は否定的だろうと推測し、育児休業の取得願望は高いにも関わらず、自ら取得を控える傾向にあった。すなわち、多元的無知が育児休業取得の伸び悩みの背景に潜んでおり、性別役割分業が望まない形で維持されている可能性がある[36]と述べている。

　女性においては、「マミートラック（mommy track）」という出産や育児を機にキャリアの停滞やロスが生じることが問題とされている。これは産休・育児休暇から職場復帰した際の補佐的業務への変更や部署の異動などにより、結果的に昇進やキャリアアップの機会を逸することである。無論、育児や私生活と仕事との両立支援として、個人の希望にそって行われるものであ

---

34)　前掲注（19）「職場項目における性別役割意識①」28頁参照。

35)　神信人（2009）.「集合的無知」日本社会心理学会編『社会心理学事典』丸善出版, 300-301頁参照。

36)　Miyajima, T., & Yamaguchi, H. (2017). I want to but I won't: Pluralistic ignorance inhibits intentions to take paternity leave in Japan. Frontiers in Psychology, 8, 1508. DOI: 10.3389/fpsyg.2017.01508 参照。

れば必要かつ効果的なものであろう。問題は、これらが"当人の意思とは無関係に行われること"であり、就労意欲やキャリア形成意欲の高い女性の場合には、意欲の低下につながり、個人と組織の双方にとって大きな損失になりかねない。また、当人の意思にアンコンシャス・バイアスが影響していても、自他共に気づいていない可能性もある。「性別役割意識に関する調査」の〈職場シーン〉において、「育児期間中の女性は重要な仕事を担当すべきではない」の項目は、男女ともに3割強が賛同しており、最も上位であった[37]。こうしたジェンダー・バイアスは、時に「マイクロアグレッション（micro aggression）」という形で、行動や態度にささやかながらも意図せず、対外的に現れることがある。マイクロアグレッションは、マイノリティや社会から疎外された立場の人々に対して、微妙ではあるが衝撃的で、しばしば自動的になされるものであり[38]、発する側は、無自覚ながら相手を傷つける行動をとってしまうことがある（例えば、"育児中の女性でも頑張れば昇進できる""育児中は負担の少ない仕事をしてくれれば良い"といった発言など）。場合によっては配慮や気遣いを含む行動となり、双方にとって気づきにくいものであるが、受け手にとってはその蓄積がモチベーションや精神的健康の低下、肯定的なキャリア展望の喪失などにつながる可能性がある。また、育児中の女性に限らず、育児に関わる男性や独身者、子を持たない既婚者などあらゆる人に対して、個々の性別役割意識や価値観から意図せずマイクロアグレッションが向けられてしまうこともある。

4. 柔軟な働き方を阻む心理的障壁

　女性が感じる仕事と家事・育児等の両立困難は、女性のキャリアアップや就業継続を阻む要因となっている。中でも、家事・育児等の無償労働時間の

37）　前掲注（19）「性別役割意識〈シーン別〉職場」8頁参照。

38）　Pierce C. M., Carew J. V., Pierce-Gonzalez D., & Wills D. (1977). An experiment in racism: TV commercials. Education and Urban Society, 10, p.65. 参照。

女性への偏りが問題点として指摘されている。男性の家事関連時間は、年々増加傾向にはあるが、2021（令和3）年時点で、6歳未満の子供を持つ妻・夫（共働き）の家事関連時間の分担割合は、妻が77.4%を担っている[39]。生活時間の国際比較では、諸外国に比べて日本の男性の有償労働時間は極端に長い一方、無償労働時間が極めて短く、女性の無償労働時間は男性の5.5倍であった[40]。

　柔軟な働き方の一つであるテレワークは、新型コロナウイルスの影響により導入が進んだ。2020年の1回目の緊急事態宣言後、テレワークの実施率は31.5%であったが、2021年には20%程度を推移し、以降は15%ほどとなっている。対象や地域、企業規模によって差があり、また実施率はコロナ禍以降低下したものの、企業によっては、その後も柔軟な働き方として定着している[41]。しかし、在宅時間や仕事以外に使える時間の増加によって、無報酬労働の偏りが必ずしも改善されるわけではない。感染拡大前（2019年）と緊急事態宣言発令中（2021年）を比較すると、1日あたりの家事・育児関連時間の男女差は拡大していた[42]。背景には、就業形態が変わっても続いている長時間労働の慣行や「共働きでも男性は家庭よりも仕事を優先するべきだ」「家事・育児は女性がするべきだ」といった性別役割意識が潜んでいると推測される。夫婦の相対所得との関係に関するデータ[29]では、妻の相対所得の増加にともない妻の家事・育児時間は低下する

---

39)　前掲注（8）特-8図「6歳未満の子供を持つ妻・夫の家事関連時間及び妻の分担割合の推移（週全体平均）」14頁参照。

40)　前掲注（8）特-10図1「男女別に見た生活時間（週全体平均）（1日当たり、国際比較）」「男女別に見た生活時間（週全体平均）（1日当たり、国際比較）」5頁参照。

41)　公益財団法人 日本生産性本部「第13回働く人の意識に関する調査」調査結果レポート（2023年8月7日）16頁参照。「自宅での勤務」「サテライトオフィス、テレワークセンター等の特定の施設での勤務」「モバイルワーク（特定の施設ではなく、カフェ、公園など、一般的な場所を利用した勤務）」を総称して「テレワーク」としている。

42)　東京都生活文化局「令和3年度男性の家事・育児参画状況実態調査報告書」（令和3年11月）参照。

という。しかし、妻の相対所得が約 60% から 72% を超えると、逆に妻の家事・育児時間が増加に転じていた。これは性別役割意識との乖離を女性が非市場労働に費やすことで緩和させようとしているものと考えられている。女性がジェンダー・バイアスに矛盾しないように行動していることの所作ともいえよう。

　また、リモートワークで導入が進んだ web 会議においても、ジェンダーに関する意識や無意識的な注意の向け方が、疲労やストレスの男女差に関与し得る。例えば、男性よりも女性の方が「ズーム疲れ（Zoom fatigue）[43]」を感じやすい[43] [45]。この背景には、美しさや身だしなみの基準には男女差があり[44]、女性は男性に比べて効果的に自己呈示をしなければならないプレッシャーを感じやすく[45]、この自己呈示コストの高さが女性のズーム疲れの高さと関連している可能性がある。また、女性自身が能力や地位の低さを補おうと、プロフェッショナルな外見を Web 会議上で維持しなければならないプレッシャーを感じることや、家庭内で母親的役割を求められる女性は、Web 会議中に家族がカメラに映ってしまう可能性などから、キャリアやプロ意識に対してさらなる懸念が生じやすいこと[45] などが背景要因として考えられている。

43）　Fauville, G., Luo, M., Queiroz, A. C., Bailenson, J. N., & Hancock, J. (2021). Zoom exhaustion & fatigue scale. Computers in Human Behavior Reports, 4. DOI:10.2139/ssrn.3786329 なお、Zoom Fatigue は、Zoom が一般化しているが、特定のプラットフォームに限るものではなく"web 会議への参加による疲労感"と定義されている。

44）　Ratan, R., Miller, D. B., & Bailenson, J. N.(2022). Facial appearance dissatisfaction explains differences in Zoom fatigue. Cyberpsychology, Behavior, and Social Networking, 25(2), pp. 124-129. 参照。

45）　Shockley, K. M., Gabriel, A. S., Robertson, D., Rosen, C. C., Chawla, N., Ganster, M. L., & Ezerins, M. E.(2021). The fatiguing effects of camera use in virtual meetings: A within-person field experiment. Journal of Applied Psychology, 106(8), 1137-1155. 参照。

　近年、「ワーク・ライフ・バランス（Work Life Balance: 以下、WLB と
する）」[46)]への関心が高まっており、時間や場所に柔軟性のある働き方は、
今後一層求められるだろう。WLB の希望と実際が一致している割合は、非
正社員の女性では高い傾向がみられる一方、最も一致している割合が低いの
は、正社員の男性であり、次いで正社員の女性と、正社員層において低い傾
向がみられた[47)]。育児期の女性が両立困難を感じ非正規雇用を選択するこ
とに表れているように、WLB の実現における課題も、雇用形態や所得の問題、
すなわちキャリア形成の阻害要因と深く関係するといえる。

　以上のことから、柔軟な働き方を制度として導入することと共に、ジェン
ダーに関する固定観念、外見や役割意識への注意の向け方を変化させる工夫
や取り組みも必要であろう。また、仕事と私生活の時間や場所が流動的とな
りつつある中、労働者、母親、父親、女性、男性といった人生上の役割をど
のように切り替えていくか（切り替えないか）、捉えていくか、意識してい
くかも問われる。生活領域の時間や空間、人生上の役割の境界が薄まってい
く中、それらをいかに分離、統合していくかを考えることも、新たな課題と
いえるだろう。近年、WLB をさらに発展させた概念である「ワーク・ライフ・
インテグレーション（Work & Life Integration: 以下、W & LI とする）」も
注目されている。W & LI は、働き方と個人の生活を、柔軟にかつ高い次元

---

46)　「ワーク・ライフ・バランス」推進の基本的方向報告」（平成 19 年 7 月　男女共同
　　参画会議　仕事と生活の調和（ワーク・ライフ・バランス）に関する専門調査会）では、
　　WLB は「老若男女誰もが、仕事、家庭生活、地域生活、個人の自己啓発など、様々な
　　活動について、自ら希望するバランスで展開できる状態」と定義されている。

47)　三菱 UFJ リサーチ＆コンサルティング平成 30 年度内閣府委託事業「企業等におけ
　　る仕事と生活の調和に関する調査研究報告書」（平成 31 年 3 月）「IV. 個人アンケート
　　調査結果」図表 IV-162「WLB 優先内容の希望と実際の一致状況」236 頁。「仕事：就労、
　　働き方、休み方、仕事のやりがい、処遇、自己啓発」「家庭生活：結婚・家族形成、生
　　活時間」「地域社会・個人の生活等：地域社会への参加、趣味・娯楽、自身の健康」の
　　バランスについて尋ねている。

で統合し、相互を流動的に運営することによって相乗効果を発揮し、生産性や成長拡大を実現するとともに、生活の質を上げ、充実感と幸福感を得ることを目指すものである [48]。しかし、仕事と家庭生活のどちらを優先するか、それらを切り分けるか統合するかといった、二者択一やその良し悪しが重要なのではない。仕事と私生活の両立において、個人の認識、志向が所属組織との間で一致していることや希望を話し合えることなど、個人と組織の間の肯定的な相互作用こそが、個人の仕事満足度の向上やストレス低減と関係する [49] という。柔軟な働き方の促進のためには、個人、組織ともに心理的な柔軟性を高めていくことや、相互のコミュニケーションの充実をはかり、認識を共有していくことが必要不可欠であるといえよう。

Ⅳ　結語 — 新たな時代における女性のキャリア形成支援に向けて

　本稿では、「日本はなぜいつまでも女性活躍後進国なのか–ビジネス法務学の観点から」というシンポジウムの論点について、女性のキャリア形成を阻む「見えない壁」として人々のこころの働き、すなわち「心理的障壁」が背景にあるのではないか、という仮説をもとに論じた。日本はジェンダー平等において、先進諸国に遅れをとっているが、働き方改革関連法や女性活躍推進法をはじめとする法の制定や改正、官民の連携・協働による両立支援制度等の導入や推進など、問題改善に向けて少しずつ進められているといえよう。最後にここまでの本稿の議論をまとめつつ、今後の女性のキャリア形成促進にむけた支援について、心理学的観点から提言する。

---

48)　社団法人経済同友会 (2008). 21 世紀の新しい働き方「ワーク&ライフ インテグレーション」を目指して (2008 年 5 月 9 日) 14 頁参照。

49)　Kreiner, G. E. (2006). Consequences of work-home segmentation or integration: A person-environment fit perspective. Journal of Organizational Behavior, 27, pp. 485-507. 参照。

　まず、ジェンダーに関する意識（認知）と行動への気づきや理解を深める機会を積極的に取り入れていくことであろう。「性別役割意識」といった意識可能な顕在的認知だけではなく、「アンコンシャス・バイアス」といった無意識的に個人の中に形成され、作用する認知的側面があることへの理解や気づきを深めていくことが肝要である。バイアスは、誰もが必ず持っていることを認識する。そして、無意識的な認知は日常場面では気づきにくいが、意図せずとも時に行動として見える形で表れ、男女問わず相手を傷つけたり、他者のキャリア形成に負の影響をもたらすものとなり得ることへの理解が必要である。さらに、ジェンダーに関わる思い込みは、能力を発揮する力を自ら低下させ、結果的にキャリア形成の機会を逸することに繋がりかねないことを知ることが大切である。例えば、昨今、企業等で多く導入されつつある「アンコンシャス・バイアス」の研修などは有用であろう。ただし、その際には、本来的な“アンコンシャス”の概念が扱われているかに注意が必要である。ジェンダーに関する思い込みに気づき、配慮した行動がとれるよう強化する取り組みが、今後一層積極的になされていくことを期待したい。

　こうした取り組みによって、個人の気づきが促され、認知と行動の変容が蓄積されていけば、それは組織の雰囲気、風土、企業文化の変化につながるだろう。例えば、同僚や上司が両立支援制度の利用に支持的であれば、従業員の制度の利用は促進される[50]という。両立支援等の制度は、男女問わず利用されることが極めて重要である。利用者が女性に偏れば、「家事・育児等は女性が担うもの」といった性別役割分業を固定化し[51]、結果的に悪循

---

50)　Blair-Loy, M. & Wharton, A.S. (2002). Employee's Use of Work-Family Policies and the Workplace Social Context. Social Forces, 80(3), pp. 813-845. 参照。

51)　前掲注（8）31 頁参照。なお、育児の場合に利用できるフレックスタイム制度やテレワーク（在宅勤務等）は男性の利用率も比較的高いが、短時間勤務制度や所定外労働の制限など、勤務時間を制限する制度は「女性のみ利用者有り」の事業所が 9 割以上であった（特 -21 図「育児のための所定労働時間の短縮措置等の各制度の利用状況（民間企業、令和 3（2021）年度）」30 頁参照）。

環を形成しかねない。したがって、労働者の誰もが柔軟に利用しやすい"仕組みづくり"と"雰囲気、風土の醸成"は合わせて取り組んでいく必要がある。

　そして、人生100年時代にむけて、キャリア観そのものを見直し、その柔軟性を高めていくことも重要ではないだろうか。変化が著しく先行き不透明な現代を生きていくために、リスキリング・学び直しの必要性や、副業、セカンドキャリア志向なども高まっている。従来のような、キャリアを一方向的、画一的に捉える見方は、今後通用し難い。「労働者（本業）」「労働者（副業）」「（社会人）学生」「親」「夫／妻」「余暇人」といった複数のキャリアや人生の役割を複層的、相乗的に発展させていくようなキャリアの捉え方へのパラダイムシフトが必要であろう。従来、年齢・性別に紐づいてきた立場や役割、仕事・家庭といった生活領域の境界は、今後一層薄まっていくことが想定される。よって、ジェンダーに関する固定観念や思い込みだけではなく、これまでのキャリアや生き方に関わるさまざまな認知のあり方を多角的に見直し、「見えない壁」を取り払い、新たな時代のキャリア観を育んでいくことが期待される。

研究職からみる女性活躍の行方

水野紀子

1 雇用機会均等法以前の世代の一人として

（1）学部と職業選択の時代背景

　読売文学賞受賞作で、2022（令和 4）年に映画化された平野啓一郎「ある男」は、在日コリアン三世の弁護士が主人公である。この映画を扱った映画評論で、同様に在日コリアン三世である韓光勲は、次のように述べる。「在日コリアンの家庭では、学校での成績がいい子どもは『将来は医者か弁護士だ』とよく言われてきた。就職差別などの制度的差別を長年にわたって受け続けてきたためだ。医者と弁護士は国籍差別が少なく、資格さえ取ってしまえばその後は安定するし、社会的なステータスも高い。そういう事情から、『将来は医者か弁護士』と言われるのだ。」[1]。

　個人的な思い出話で恐縮だが、この文章を読んで、女性である私の進路選

---

[1]　韓光勲「映画『ある男』は在日コリアン 3 世をどう描いたか。呪いのような『蔑みのセリフ』が浮き彫りにしたこと」https://www.cinra.net/article/202311-a-man_iktaycl

択も同じだった、と昔を思い出した。私が大学に入学したのは、1974（昭和49）年であり、1985（昭和60）年5月に男女雇用機会均等法が成立するよりも10年以上以前である。高校生だった頃の私は、やはり仕事を持つのなら「資格さえ取ってしまえばその後は安定する」医者か弁護士になるしかないと思い、大学の進学先は医学部か法学部しかないと考えていた。戦後30年近くたって、大学入試においては、男女差別がない時代になっていた（もっともそれから半世紀近く後の2018（平成30）年に、いくつかの大学で医学部入試の女性差別が公になったけれども）。医者か弁護士か迷った末、結局、法学部に進学することにし、要するに飯の種と考えて法学を学んだ。もし私が男性であったら、当時関心のあった経済学部にでも進学したかもしれない。

　私が在学していた頃の東京大学法学部における女子学生比率は、わずか2%ほどに過ぎなかった。就職活動時期になると、男子学生たちには多くの企業から勧誘のパンフレットが大量に届いたようで、下宿に積んでおいたら「身長を超えたよ」等と言っていたが、女子学生にはまったく届かなかった。一人だけ、「私のところには届くわ」と言う女子学生がいたが、彼女の名前は「薫」だったから、おそらく男子学生と間違われたのだと思われる。

　今では前期高齢者となっている女性の同窓生たちのうち、ずっと仕事を続けてきた同窓生は、主に公務員と法曹に就いた女性たちである。上級職の公務員試験と司法試験については、男女差別のない試験があり、それらの合格者というルートに乗ることで、女性であるハンディキャップを乗り越えることができたからであろう。私企業に勤めた同窓生もいたが、彼女は数年で就職先を辞めてしまい、司法試験に道を切り替えた。彼女が希望していた金融機関であり、意気込んで就職したはずであったのに、なぜ続けられなかったのかと尋ねたら、彼女が語ったのは「私はコウモリだったのよ」という述懐であった。動物でも鳥でもない存在、つまり男性社員にとっては、女性という異質な存在であり、補助職である女性社員にとっては、東大法学部卒で基幹社員という異質な存在であって、どちらからも排除されるコウモリであったという。オン・ザ・ジョブ・トレーニングにおいても、上司は、男性社員

には積極的に仕事を与え、失敗しても叱ったうえで、「今度はうまくやれ」と次の仕事を任せるが、女性である彼女には、仕事を任せようとしない。それでは仕事を覚えられないので、上司に要求すると、「え、君がやるのか？」とびっくりされる。「君がそういうのなら」としぶしぶ与えられた仕事は、決して失敗できず、それが大変なストレスだったという。

　彼女のような経験をする女性は、現在でも多くの職場で少なくないのではなかろうか。集団で協力して行う職務において、それまで男性だけがメンバーであった場合、そこに異質な女性が参入しても同等に扱われない状況であり、暗黙のうちに「ボーイズ・クラブ」ができているといわれる職場環境である。

　「ボーイズ・クラブ」を形成している男性たちには、それほど悪質な女性差別を行っているという意識はないのかもしれない。おそらく専業主婦に育てられ、専業主婦の妻をもった男性たちには、家事育児の負担を負う女性にとって、将来的に自分たちのような働き方はできないはずであるという思い込みがあるのだろう。先述した近年の大学医学部入試差別においても、「眼科医と皮膚科医ばかり増えてもしょうがない」と女性差別を正当化する判断があったという。夜間に生命にかかわる治療を求められる医師は、男性医師でなければ対応できないから、女性医師はそのような専門を選ばないという現状認識がある。その「常識的判断」には、男性女性を問わず、家庭責任を負う医師でも夜間対応の可能な、家庭責任と両立する医療現場と育児支援を構築しなければならないという問題意識はみられない。

（2）研究者を志して

　私が定年退職するまで長年勤務した東北大学は、東北帝国大学時代の1913（大正2）年に初めて女子学生の入学を認めた大学である。当時の総長が文部省の圧力に抵抗して断行した入学許可であった。戦後改革によって男女平等が日本国憲法の求める原則となり、もとより戦後も10年経って生まれた私が大学生の頃には、学生として女性差別を感じることはなかった。

もっともこのような平等は、日本国憲法14条の平等則を自覚する法学部だからこその在り方だったのかもしれない。隣の東大経済学部では、女子学生の参加を認めない女人禁制ゼミがまかり通っていた。現在の大学で、教師がゼミに女子学生の参加を認めないと公言すると直ちに大問題になるであろうから、その点では、時代は確実に差別改善の方向に進んできたといえるだろう。

　弁護士を職業選択するつもりで法学部に入学した私であったが、法学部の勉強をするうちに法学という学問が面白くなった。何しろ最古の学問は神学と法学といわれるように、もっとも古くからある学問であり、その蓄積もローマ法以来、ただならぬものがある。一方で、権利や時効という言葉さえ明治人が訳語として創設したものであり、近世の日本社会の伝統にとって、西欧近代法は異質な存在であった。とりわけ律令、つまり行政法と刑法という東洋法の伝統にも同じようなものがある法領域と異なり、民法は、東洋法の伝統にない存在である。民法は、市民が平和裏に共存するためのルールブックであり、紛争は裁判官がルールブックに従ったアンパイアとして判断する。日本の近世の伝統法は、民事紛争を「内済」すなわち和解によって解決をし、和解が成立しないときは、裁判官の裁量を広く認め、予測できない大岡裁きによって解決していた。

　大学のカリキュラムは、民法一部から講義が始まり、ルールブックによって紛争解決の答えが出る民法を勉強するうちに、やがて民法四部の家族法になると強い違和感を持った。紛争は当事者の協議に委ねられ、協議ができないと裁判官の裁量に委ねられるので、民法を適用しても答えが出ないのである。たとえば父母の共同親権で、子どもの小学校選択で両親の意見が異なったらどうなるのか。講義の後で担当教授（星野英一）に質問すると、「そういう夫婦は離婚するので、離婚時に単独親権になるから、その親権者が決めるでしょう」という解答で、私は納得できなかった。家族法領域は、日本人起草者が母法を変形させて、日本風に創作した条文であったために、ルールブックとしては異質なものとなっていたのである。もっと納得できるまで勉強したいという意欲がわいた。

　当時の東大法学部には、大学院をスキップして助手を採用する学士助手という制度があり、成績がその基準をクリアしていると知ったとき、もしこの面白い法学という勉強を職業にできるのであればと思った。受講していた民法ゼミの担当教授（加藤一郎）に相談した日のことは、いまだに鮮烈に覚えている。加藤先生は、その場で私が学士助手として残ることを受け入れ、指導教授を引き受けて下さった（なお本稿では人名には敬称をつけずに書くが、加藤先生についてだけは例外をお許し頂きたい）。私の人生における最大の幸運のひとつは、間違いなくこのとき加藤先生に指導教授になってもらえたことであった[2]。

　その日、私の希望を聞いた加藤先生は次のように言われた。「法律の論文は技術的なもののように思うかもしれませんが、債権譲渡のような技術的なことを書いているようでも、どうしてもそれを書いた人間が出てしまいます。優しい人の書いた論文は優しい論文になるし、そうでない人の書いたものは、やはりそうなってしまう。そしてできれば貴女には人間らしい顔をした論文を書いてもらいたいと僕は思います。人間らしい論文を書くためには、背景に人間らしい生活を送る必要があります。人間らしい生活というのは結婚して子どもを持つことだと僕は思います。貴女は女性だから大変かもしれないけれど、がんばりなさい。僕もできるだけのことはするから」と。

　それから半世紀近く経過した現在の感覚では、学生のプライベートな人生計画についてコメントするのはいかがなものかという感想もありうるかもしれない。しかし何事も時代背景の中で判断される。当時は女性を育てても就職させられないからと指導を断る教授は少なくなかったし（むしろ多数派だったかもしれない）、指導を引き受ける条件として一生結婚しないことを約束させられた同業者の知人もいる。私が研究室に残ったことを知った他の教

2）　このときのエピソードなど、加藤先生については、水野紀子「恩師を語る」学士会会報U7（U SEVEN）45号48-52頁（2012年）に詳しく述べ、次の筆者のホームページにも掲載した。www.law.tohoku.ac.jp/~parenoir/。

授から、「結婚したら続けられないだろうに、どうするの」と言われたことも、「女性の法学者で一流学者はいないね」などと言われたこともある。その先生方は無邪気に口にされただけで、私への悪意をもって発言されたわけではなかったことは、当時でもよくわかった。加藤先生が当時の「常識」を超えてリベラルな方であったのだろう。

　実際に、同期に助手に残った女性助手（角紀代恵。指導教授は加藤先生の弟子にあたる米倉明）と私の二人の最初の就職は難航した。助手時代に活字にした判例評釈を読んで、是非、自分の大学にと声を掛けて下さった民法の教授がおられたが、同じ民法の教授陣の一人が強固に反対されて人事が潰れてしまったこともある。学者業の辛いところは自己嫌悪との闘争であり、当時は二人とも自分たちの論文が不出来なせいだと自責の念に駆られていたが、数年後に当時の事情を知る人から聞くと、必ずしもそうではなく、やはり女性であることがネックになっていたようである。しかしそれから何年か経過すると、法学部に女性スタッフが一人もいないのは問題だという認識が広まり、女性研究者の就職状況は急速に改善した。

　法学分野においては、私の世代から一世代が経過して、女性研究者も増え、女性法学者に一流学者はいないとは、もはや誰にも言えないだろう。現在の法学の学問水準を画している業績群から女性研究者の論文を除くことは不可能であり、女性研究者の存在感は大きい。もっともそれには、文系に所属する法学という学問の性格があるのかもしれない。すなわち法学においては、研究会などで議論をすることはあっても、基本的には一人で文献を読み、一人で考えて書く作業が主であるからである。書いたものを活字にすることも、媒体は多くあるから、それほど難しくはない。そして著者名が女性名であっても、同業者が論文を読めば、その実力は自明である。

　しかし理系の研究者は、事情が異なる。研究者としての成長には個別の直接的な指導が必須であり、実験等の共同作業も多い。実験器具や材料などは高価なものも多く、高額の研究費を獲得できる研究室で行われる共同作業が、前述した「ボーイズ・クラブ」化しているために、女性が排除されることも

少なくない。アカハラやセクハラの被害も多いが、近年の細分化した最先端の研究では、指導教授を中心とする共同研究から排除されると研究が続けられないために、泣き寝入りする被害者も文系よりも多いといわれる[3]。

　またそもそも大学の理工科系学部における女子学生比率は、低い。日本では、紫式部以来であろうか、女性が文学を専攻することについては伝統があり、高校生の私が法学部を選択したときに、教師から「なぜ文学部にしないのか」と示唆された記憶がある。まして女子高校生たちが理工科系の学部選択をしようとすると、周囲の大人たちは、女性は理系に向かないという偏見からその選択をディスカレッジする可能性が高い。

　結果として研究者のうちに占める女性比率において、日本は国際的にも非常に低い水準に留まっている。2020（令和2）年3月31日の数値で、女性の研究者比率は13.6%に過ぎない。西欧諸国では、3割から4割、少ない国でも2割台であり、お隣の韓国でも20.4%に到達している[4]。このような日本の現状は、何に起因するのだろうか。次には、それを考えてみたい。

2　国際的な平等化要請のなかで

（1）日本社会の近代化

　世界経済フォーラム（WEF）が2023（令和5）年6月21日に発表した「Global Gender Gap Report」（世界男女格差報告書）2023年版によると、日本のジェンダーギャップ指数は146カ国中125位で、前年の2022年（146カ国中116位）から9ランクダウンし、順位は2006年の公表開始以来、最低であった。G7（主要7カ国）の中でダントツの最下位であるのはもち

3）　朝日新聞の2021年の連載「『リケジョ』がなくなる日」https://www.asahi.com/rensai/list.html?id=1210、「『リケジョ』がなくなる日　ハラスメント編」https://www.asahi.com/rensai/list.html?id=1292&iref=pc_rensai_article_breadcrumb_1292 など。

4）　男女共同参画局・男女共同参画白書令和3年版・研究者に占める女性の割合〔国際比較〕https://www.gender.go.jp/about_danjo/whitepaper/r05/zentai/pdfban.html

ろん、アジアでもフィリピン（16位）、シンガポール（49位）、ベトナム（72位）、タイ（74位）などに遠く及ばず、同じ儒教文化圏においても、韓国（105位）や中国（107位）をも下回っている。日本の順位を低くした要因は、政治参画の分野における惨状と経済分野における女性管理職の少なさ、そして女性研究者の少なさであった。

　江戸末期、四隻の蒸気船が江戸湾に現れてから、日本は驚異的なスピードで幕藩体制を終わらせ、西欧社会に倣って近代化して国際社会に参加した。明治維新は、世界史において特筆される近代化革命である。下級武士たちによる明治維新革命から、本書が出版される2024（令和6）年で156年になる。終戦の1945（昭和20）年は、そのほぼ中間点に位置するが、明治維新から戦後までの年月よりも、すでに戦後の方が長くなっている。アジアでごく早い時期に明治維新によって近代化・国際化した日本が、そして戦後、男女平等を規定した日本国憲法の下で、戦前以上の時間を経過した日本が、なぜこれほどジェンダーギャップ指数が低くなっているのだろうか。歴史的に遡って考えてみたい。

　徳川江戸の近世における日本社会は、東アジアの儒教文化圏において、纏足の習慣もなく、相対的に女性の地位が高い社会であったと言われる[5]。徳川江戸の長い武家政権の間に、日本では、イエ制度が確立していた（明治民法の「家」制度と区別するために「イエ」とカタカナ表記する）。同じ東洋文化圏であっても、日本の家族は、中国や朝鮮半島の宗族のように男系血統の血族集団で広がる連帯よりも、実際に住んで一緒に働く共同体、つまりイエの連帯が主になっていた点で、特徴的である。また村請制度や檀家制度によって、村落共同体であるムラは緊密な共同関係を形成しており、イエを取り囲む外延として、ムラというコミュニティは、共同体メンバーの生存と共

5）　本稿の以下の部分は、次の拙稿と重なる部分が多い。水野紀子「フェミニズムと法」大村敦志編『岩波講座・現代法の動態5法の変動の担い手』岩波書店125頁以下（2015年）。

存を維持する役割を担っていた。

　近世日本は「家職国家」であったといわれる。近世の日本人は、一種の「機構」あるいは「法人」としてのイエに帰属し、武士も町人も百姓もそれぞれイエの家業・家職を営んで生きた[6]。財産はイエ自体の家産であり、イエの代表者は当主であった。当主の地位には、イエの経営能力が不可欠であったから、経営能力のある他人を養子として次代の当主に迎えることや、息子がいても息子の経営能力が足りないときは、娘の配偶者に経営能力のある他人を選び、その娘婿を養子として相続させた。町人のイエにおいては、娘婿を次世代の当主とするという家訓を持つイエも少なくなかった。イエは、構成員にとって抑圧的であると同時に、彼らに職業とアイデンティティを与え、その生存を支える存在であった。イエを離れると個人は生活できないため、嫁が姑に隷従する習慣にみられるような家族内の抑圧や従属はあった。しかし半面では、イエの意思決定には、共同経営者であり「社員」でもある構成員の協力が不可避であり、妻は、夫の共同経営者として実質的な権力を握ることも多かった（現代の日本で、夫が給料を妻に渡して小遣いをもらう習慣は、この伝統に起源があろう）。前述したように、近世においては、儒教と宗族文化の支配する中国や朝鮮半島よりも、日本におけるほうが、女性の地位は相対的に高かったといわれるのは、こうしたイエ文化のもたらしたものであろう。

　このような近世の社会は、明治以降、日本社会の近代化によって大きく変容していく。明治政府が法継受して立法した明治民法は、個人の法主体性を確立し、所有権を定めて、法的に近代化の準備を整えた。そして日本社会は、資本主義社会に離陸を始めることになった。もっとも明治民法が創設した「家」制度は、イエ制度をある程度、引き継ぐものであった。イエは、基本的に同じ屋敷に共住する共同体であったから、明治初期に整備された戸籍制度を媒介として、明治民法の中に「家」制度として取り込まれた。明治政府

---

6)　渡辺浩『日本政治思想史』（東京大学出版会、2010年）70頁以下。

が作った戸籍は、当初は物理的な屋敷ごとに全住民を列挙したものであったが、明治民法立法前の整備によって、雇い人などの同居人がはずされて家族だけの名簿になり、住民登録機能を寄留簿（現在の住民基本台帳）に移動させて、住民登録より安定的な身分登録簿として確立していた。婚姻や親子は定義できても、「家族」を法的に定義することは至難であるが、明治民法の家族法は、この戸籍に書かれていたメンバーを家族つまり「家」集団として定義した。「家」集団は、もともと同居家族として緊密な関係をもつ集団であったから、法と実態の相違は小さかった。イエ制度と「家」制度とは、制度としてはあくまでも別物であるが、文化やメンタリティは重なる。そして明治民法の家族法は、従来のイエの自治を大幅に取り入れ、家族を「家」の自治に委ねた。この明治民法の特徴は、民法としての無力さを意味する。すべての離婚を裁判離婚として重い離婚後扶養を課す西欧法と異なり、当事者が届出だけで離婚できる協議離婚制度は、離婚を機に弱者保護のために公的な介入が行われないことを意味する。それでも扶養義務は法定されたが、実際に戸主が家族を扶養している現状を表したに過ぎないと理解されており、扶養義務を法廷に訴えて強制させることは、日本の「醇風美俗に反する」と考えられて、現実的な問題とは考えられていなかった。「親は親たらずとも子は子たれ」という日本の醇風美俗に反するという反対論を抑えて、親権喪失制度も立法はされたが、母法国におけるように検事が親権喪失を提訴することはなかったために、ほとんど用いられなかった。

　明治維新の頃、日本人は、人口の約6%である武士階級しか氏をもたなかったが、明治政府は国民を特定するために、平民にも氏を称させるとともに、元服等の機会における改名を禁じた。明治民法立法前は、戸籍上は、妻は嫁しても出生時の氏を称するとされていたが、明治民法は、氏を家名として、夫婦同氏を立法した。氏名は人格権の代表とされるように個人の人格と結びついたものであり、その氏が家名として強制されたことは決定的であり、また誰にでも公開される戸籍は、人生で絶えず参照される身分登録であったから、その影響力は甚大であった。イエ制度の伝統もあったとはいえ、戸籍と

いう書面上に現れた「家」は人々の意識に働きかけ、国民の家族意識を形成した。また擬似キリスト教として明治の元勲たちが意図的に構築した天皇制は、忠孝一本のイデオロギーによって日本のナショナリズムを形成した。「家」制度の背景には、このナショナリズムも存在し、かくしてそのイデオロギーとしての重さは、現在まで影響が及んでいる。

　イデオロギーとしての重さと比較して、明治民法は前述したように民法としての弱さを抱えており、法制度としての「家」制度も、強いものとはいえなかった。明治民法は、イエを引き継ぐ「家」制度を創設したが、実体としてのイエは、日本社会が資本主義を導入して変化し、第一次産業から第二次、第三次産業へと産業構造が転換するにつれて、弱体化して崩壊の道をたどった。イエから独立して生活できるサラリーマン階層が増加すると、男性が氏を変更して女系のイエを継承する場合が減少した。イエの内部においても、自立可能な息子たちに対する戸主の権力は低下する。家族団体の拘束力は、経済的に自立できる者には、強力に及ぶことはない。家産と家業に生存を依存する時代にこそ、家督相続を定める相続法が家族団体の秩序を規律するものとして力をもったが、働いて賃金を得ることが出来ることになった大正時代には、すでに「家」制度のたがはゆるんでいた。都市中間層が成立して専業主婦が出現したのは、1910年代であったといわれる。農家や商家の「おかみさん」たちと異なる専業主婦は、同時代の女性たちから、「嫁」の重労働から解放された「妻」として羨望される存在であった一方、やりがいのある実権をもたない存在として批判的に見られることもあった。そして近代化の過程で、「母性」は、ケアをひとえに担う美徳とされるようになった。

　かつて医療と栄養が向上する前、高齢者は亡くなる直前まで野良仕事をしていた。乳幼児を抱えた若い母親は働き盛りの労働力であったから一日中働いていて、あぜ道に乳児を連れてきてもらい授乳するときが、彼女の貴重な休憩時間であった。子どもたちは、周囲の年長者らの集団によって育てられていた。しかし産業構造が変わり、都市化・サラリーマン化した社会となると、必要なケアは狭い家庭内の私的なシャドウワークとして、主婦が担当す

ることになった。主婦は、老人シッター・夫シッター・子どもシッターの役割を負うことになる。鹿野政直はこれを「残酷な詐術」と呼び、近代化の結果として人と人との関係が切り離され解体や荒廃がもたらされたにもかかわらず、原因と結果が倒立したかたちで印象づけられるべく操作され、「母性」の不在に解体や荒廃の原因が押しつけられたとする[7]。

（2）戦後改革

　戦後、日本国憲法は、14条で性差別を禁止し、24条で家庭生活における個人の尊厳と両性の本質的平等を定めた。女性参政権が認められたほか、刑法183条の姦通罪が廃止される等、諸法も平等に改正されたが、とりわけ民法第4編親族と第5編相続が大改正された。「家」制度に関わる条文は削除されて、家督相続は廃止され、配偶者相続権が設けられて、諸子均分相続となった。男女不平等の規定は機械的に平等に改正されて、妻の行為無能力は廃止され、離婚給付として民法768条に財産分与が立法された。当時は西欧民法においても夫や父の優越的な決定権限を設けていたから、同時代の民法としては、世界でもっとも形式的には平等なものであったといえよう。それを可能にしたのは、決定権限を記載せず、「協議」という「白地規定」を記載する日本民法の特徴によるものである。

　しかし明治民法と同様、権利義務の内容を実効的に担保できないという弱点をもつ日本民法の特徴は維持された。戦後の改正は、「家」の自治に多くを委ねる明治民法の基本的性格を変更するものではなく、「家」の自治から当事者の自治つまり協議に委ねる書きぶりに変更されただけであった。むしろ男女平等の要請により決定権限を夫に帰すことができないことや諸子平等の要請のため、戦後の改正によって協議に委ねる領域が増加して、権利義務の具体的内容の「白地規定」性は、より顕著になった。たとえば夫婦の氏の

---

7)　鹿野政直『戦前・「家」の思想』（創文社、1983年）208頁。「夫シッター、老人シッター、子供シッターの三機能を兼ねる」という表現は、同207頁。

選択において、共同親権行使において、決定権限を協議に委ねることによって、条文上の形式的平等は達成できるが、協議の結論が出ない場合について紛争を解決する基準を与えていない。これは民法としては致命的な欠陥であろう。日本民法に遅れて男女平等化したドイツやフランスの民法では、たとえば共同親権行使に関する両親の意見不一致の場合に父の決定権限を認めていたが、この決定権限を削除する代わりに、裁判所の判断を導入した。平等化が同時に司法化を伴うと言われるゆえんである [8]。司法インフラがもともと著しく不足している日本では、このような改革はそもそも非常に困難であったろうが、民法の「協議」に委ねる白地条項が長年、問題視されてこなかったのは、国家や司法が弱者保護のために家族内に介入することを必要とする発想が、日本では弱かったこともあろう。人権派の主張も、戦前の治安維持法などの記憶もあって国家からの自由は意識されたが、家庭への国家介入による自由の保障や基本的人権の尊重は、強調されなかった。日本国憲法の要求する自由や平等などの諸価値のうち、形式的平等をもってする改正はほぼ達成されたが、実質的平等や基本的人権の尊重は、戦後社会の課題として残された。

　このような特徴を持つ家族法は、家族間の権利義務を定めて権限行使が濫用にわたらないように制限するとともに婚姻や親子という身分関係に従った法的効果を家族に保障する法というよりも、相続という効果を除けば、戸籍の登録基準を定める法と堕してしまいがちである。従って戦後の改正では、実質的に妻の保護を図る規定としては、配偶者相続権が設けられたことが大きかった。夫婦財産制は、法定財産制として、主婦婚の妻にとっては不利な完全な別産制を採用しており、離婚給付として戦後改正で立法された民法768条の財産分与は、当初は手切れ金にとどまり、やがて実務が夫婦二人の協力によって蓄積した財産の清算という構成に向上させたが、西欧諸外国の

8)　水野紀子「家族」北村一郎編『フランス民法典の200年』159頁以下（有斐閣、2006年）。

離婚後扶養や離婚給付にははるかに足りない内容である。また債権者が弱者である扶養料などの債権については、本来は取り立てに公的助力が必要であり、たとえばフランス法は徴税手続きに乗せるなどの支援をしており、フランスはもちろん他国においてもこの種の債務懈怠には刑事罰を設けている。日本には、この公的助力がないために、離婚後の養育費不払い率が非常に高い。日本の母子家庭の貧しさは顕著であるが、その理由としては、後述する労働市場の特徴の他、これらの家族法の無力さも一因である。

　戦後改正にもかかわらず、「家」意識は、根強く残った。とくに戦後改革に対して「家破れて氏あり」という批判がなされたように、夫婦同氏強制制度は、「家」意識の存続に力があった。産業構造の変化によってイエが崩壊し、労働者となった男性が独立できる経済力を身につけるようになっても、女性が同様の経済力の条件を整えることは難しかった。むしろ資本主義が浸透する前、イエ制度が実態として生きていた時代のほうが、妻の「実家」が力を持っている場合には、家庭内における妻の力は強かったかもしれない。「家」意識の残滓は、妻が嫁として夫の家族に入り、夫の親を看取り、夫の「家」の祖先を祀る義務を負うという社会通念として、大きな力をもち続けた。

　しかしこのような社会通念への反発は、時代を経るに従って強くなった。用いられる表現においても、かつては夫の両親宅が若夫婦の帰属する「家」であり、妻の「実家」のみが「実家」ないし「里」と呼称されたが、近年は「義実家」という言葉が用いられるようになっている。この「義実家」は、夫婦単位の家族と差別化して、配偶者の「実家」を相互に呼称する表現である。また、女性が社会に職業人として進出するようになると、改氏のもたらす職業上の不都合が表面化した。夫婦同氏強制制度によって婚姻の際に意思に反して改氏を強いられる被害も人格権的被害として自覚されるようになった。しかし選択的夫婦別氏制の立法は、「家」意識を温存してきた氏の機能を傷つけるものであったためか、また明治以来の忠孝一本のナショナリズムに触れるところがあったためか、激しい反対論を引き起こして、いまだに成

立していない[9]。

（3）　戦後の日本型雇用システム

　新卒一括採用・終身雇用・年功序列給与制・企業別労働組合などの要素からなる日本型雇用システムは、1950 年代から日本企業で利用されるようになり、1960 年代に定着して、高度経済成長期を通じて労使協調のもと、80 年代のバブル時期まで日本企業の活動の主流となった。この雇用システムの背景には、近世の家職国家たるイエ制度由来の文化的遺伝子があったのかもしれない。一斉入社した男性基幹労働者は、オン・ザ・ジョブ・トレーニングで多様なポストを経由して能力を開発し、出世競争をしながら「愛社精神」を発揮した滅私奉公によって長時間労働を厭わなかった。その会社の常勤職員であることが労働者の地位を決定し、固定した職務に対する対価としての賃金を支払う労働形態は非常勤職員のものであった。企業もよほどのことがなければ常勤労働者を解雇せず、「窓際族」としてでも雇用を維持し、常勤労働者の給与は妻子を養える生活給として支払われた。企業にとって常勤職員の給与は固定費に近い性格のものであり、仕事の増加に伴って職員を増やすよりも常勤職員に割増賃金を払って長時間労働をさせるほうが経済的合理性にかなうため、長時間労働の傾向はなかなか改まらない。全国的規模の会社では、家庭の事情にかかわらず、全国どこへ転勤命令が出されても従わなくてはならず、最高裁判例もその労働慣行を追認した（神戸から名古屋への転勤命令を権利の濫用に当たらないとした最判昭和 61 年（1986 年）7 月 14 日・集民 148 号 281 頁）。家庭内でケア労働を担う女性労働者は、男性基幹労働者と同じように働くことはできなかったから、非常勤のパートタイマー労働者となった。企業は、この主婦パートタイマーという低賃金の非常

---

9)　婚姻法改正要綱起草当時の議論については、水野紀子「夫婦の氏」戸籍時報 428 号 6 頁以下（1993 年）。近年の動きについては、同「講座・日本家族法を考える（第 8 回）：夫婦の氏を考える」法学教室 495 号 82 頁以下（2021 年）。

勤労働者を、雇用の調節弁として有効に利用した。

　一方で、憲法の要請する男女平等は、男女差別を明示した労働条件を否定するものとして働いた。たとえば少なからず存在した男女別定年制は、最判昭和56年（1981年）3月24日・民集35巻2号300頁によって民法90条違反で無効とされた。

　さらに大きな潮流として男女平等化に向かうことになったのは、国際的な動きである。1975（昭和50）年の国際婦人年、1979（昭和54）年の女子差別撤廃条約採択など、国際連合を中心とした国際的な男女の機会均等の達成に向けた動きが活発化していた。こうした動きを受け、日本においても、職場における男女平等の実現を求める動きが一段と強まった。1980（昭和55）年に署名した女子差別撤廃条約の批准に向け、国内法制等諸条件の整備の一環として、雇用の分野における男女の均等な機会と待遇を確保するための法的整備を行うこととなり、1985（昭和60）年に勤労婦人福祉法の一部改正により、「雇用の分野における男女の均等な機会及び待遇の確保等女子労働者の福祉の増進に関する法律」（男女雇用機会均等法）が成立した。この立法により、同年に女子差別撤廃条約の批准が実現し、翌1986（昭和61）年の男女雇用機会均等法の施行によって、同じ雇用条件の常勤労働者については、男女差別は減少していった。募集・採用・配置・昇進などの平等が努力義務とされるなどの立法当初の限界は、その後、1997（平成9）年、2006（平成18）年の雇用機会均等法改正によって改善された。また1991（平成3）年に育児休業法、1993（平成5）年にパートタイム労働法、2003（平成15）年に次世代育成支援対策推進法、2015（平成27）年に女性活躍推進法が成立し、主に女性の就労環境を改善する法律が整備された。

　とはいえ男女雇用機会均等法立法に対応するため、総合職と一般職の差別化が図られたように、正面から男女差別をするのではなく、労働者としての資格による差別化が進んでいく。男女雇用機会均等法の施行と同年、1986（昭和61）年には労働者派遣法が施行されて、正規雇用と非正規雇用の身分差がより制度化された。さらに同じ1986年の年金改正によって、厚生年金や

共済年金の加入者（主に夫）に扶養される被扶養配偶者（主に専業主婦）を国民年金の第3号被保険者とする制度がスタートしたことと合わせて評価すると、主婦のケア労働によって支えられる男性基幹労働者の常勤雇用という日本型雇用システムが、この時期に制度的に完成されたともいえる。

　男性基幹労働者と同様の長時間労働は、ケア労働を担う家庭責任と両立しない。結婚した女性には、有償の賃労働と家庭内の無償ケア労働の二重労働の重い負担がかかるため、婚姻からの逃避の一因となった。また1990年代のバブル崩壊以降、基幹労働者となれない若い男性たちも増加した。ロスジェネ世代と言われる就職氷河期には、非常勤職にしかつけなかった若者たちが多く、彼らは婚姻の経済的負担に耐えられないため、婚姻率は低下した。日本の婚外子出生率はごく低位で推移し、日本人は結婚しないと出産しない強い傾向をもつため、婚姻からの逃避すなわち晩婚化・非婚化は、深刻な少子化をもたらした。

　社会的慣行や性別役割分業そのものを問題視するフェミニズムの影響下で、少子化に対する危機感をバネにして、男女共同参画社会基本法制定の動きが始まる。1996（平成8）年、自社さ連立内閣のもとで男女共同参画社会基本法制定についての三党合意ができた。当時の社民党代表は土井たか子、新党さきがけ議員団座長は堂本明子であり、与党三党のうち二人の党首が女性であったことが影響したかもしれない。連立内閣は解消したが、この三党合意は引き継がれて、1999（平成11）年に男女共同参画社会基本法が成立した。

　しかし男性もケア労働に参加するために男女平等に労働時間規制をする方向には、向かわなかった。むしろその後は、後述するバックラッシュの嵐が吹き荒れた。一方、男女共同参画社会基本法の立法当時には、男性のワーキングプア問題はまだそれほど顕在化していなかったが、バブル崩壊後のグローバリゼーションの進展によって、先述したように企業が基幹労働者を抱え込む余力を失うと、男性労働者も周辺労働力化する展開が進み、しかもケア労働と両立できない長時間労働の労働形態は是正されないから、さらに晩婚

化・非婚化・少子化が進行している。

　グローバリゼーションの進展とともに 1990 年代にネオリベラリズムというイデオロギーが日本社会に流入した。サッチャー政権がそうであったように、ネオリベラリズムは、欧米社会では、福祉国家を主たる敵として攻撃するイデオロギーであった。福祉国家は、弱肉強食の市場社会のなかで劣悪な地位にある弱者を保護するために、国家が財とケアを保障して生活を下支えするものであるから、ケア労働を担うが故に構造的に弱者になる女性にとって、つまりフェミニズムにとっては、ネオリベラリズムは敵対的なイデオロギーであるはずである。しかし福祉国家化が未熟な日本では、必ずしもそうではなく、ネオリベラリズムが、男性に特権的に独占されている基幹労働者の地位を攻撃することによって、女性労働者との均等化に資するのではないかという期待が、フェミニズムの一部にはあった[10]。実際には、ネオリベラリズムによる福祉と労働者保護への攻撃は、雇用環境の悪化と貧富の差の拡大をもたらし、子どもという絶対的な弱者を抱える女性の困窮化が進行した。

（4）　社会福祉と男女平等

　男性基幹労働者と無償ケア労働を担う女性パートタイム労働者というシステムは、近代化によって失われたイエや地域共同体に代わって、家族にその生存を保障する財とケアを供給してきた。西欧諸国においては近代化によって失われたこれらの支援を福祉国家が支えてきたが、日本では社会福祉は進展しなかった。1970 年代末に高齢化社会の兆候が現実になり始めた頃、「日本型福祉社会」という概念が提示されたが、これは、老親を扶養する三世代同居家庭における家族責任を強調することで、できるだけ家族の社会保障代替機能に依存しようとするものであった。

---

10)　千田有紀「ネオリベラリズムとフェミニズム」竹村和子編著『"ポスト"フェミニズム』
　　（作品社、2003 年）135 頁以下は、日本型経営へのネオリベラリズムによる攻撃をフェ
　　ミニストは喜ぶべきなのかと問い、「答えは、イエスであり、ノーである」という（138 頁）。

　1999（平成 11）年に男女共同参画社会基本法が制定された後、バックラッシュといわれる動きが強まり、保守層は憲法 24 条を改正して家族の保護を謳う改正案を提言した。現在も根強くあるこれらの動きには、「家」制度の復活を目指すものという側面が否定できない。しかし同時に、生存保障を肩代わりしきれない福祉国家が追求する近似的社会保障としての家族再生であって、先進諸国に共通する傾向のひとつという評価もできる。さらに男女共同参画社会基本法そのものも、「家庭生活における活動と他の活動の両立」をはかることによって晩婚化・非婚化・少子化を克服しようとするものだとすると、近似的社会保障としての家族再生をめざしたという評価も不可能ではない [11]。激しく対立するこの両者が家族再生を目指す点で共通するとすれば、両者を分かつのは、性別役割分業を肯定するかどうか、女性のみにケア役割を担わせる方針を採るかどうかであった。しかしいずれにせよ、現代の孤立化し脆弱化した家族は、行政の支援と介入がないため、さまざまな深刻な病理をかかえて生命の再生産に支障を来している。

　何より深刻な問題は、家庭内の弱者を救済できていないことである。「家」制度の伝統は、子どもに限らず、障害者や老人など、自力では生活できない弱者を支える役割を、もっぱら家族に依存する社会を作り上げてきた。家族の内部にいる弱者は、保護されると同時に支配される。「家」ないし当事者の合意にすべてを委ねる日本民法の特徴は、家族内に公的介入の契機がないことを意味し、それは事実上の力関係がそのまま反映すること、つまり家族メンバーが家族の中に取り込まれて、家族内では弱者が強者の決定に従う従属構造をもたらした。西欧諸国の基準であれば、行政による社会福祉が家族に介入して弱者を保護し、当事者の意思に反した介入となるときには司法が行政権の介入を正当化するという、行政と司法の協力によって運営される社会福祉が構築されるべきである。しかし日本の社会福祉は、そのような支援

---

11)　水野紀子「家族法の本来的機能の実現―男女共同参画社会へ向けて」ジュリスト1424 号 46 頁以下 (2011 年)。

を行ってこなかった。

　もっとも日本でも、企業と私的なケア労働による生活保障システムからこ
ぼれ落ちた困窮者を救うために、社会福祉のうち、財の給付については一定
の充実が図られてきた。とはいえこれらの給付そのものも大きな問題を抱え
ている。最後のセーフティネットといわれる生活保護は、家族法が保護でき
ない妻たちにとって離婚後の生活を支える制度となる等、大きな機能を果た
してきたが、納税者の理解を得にくくスティグマとなるターゲット方式の仕
組みをとっており、とりわけ現在の生活保護方式では、子どもの保護に特化
した支援が著しく不足している。近年、男性労働者の雇用も崩壊したために、
生活保護のニーズは非常に高まっており、セーフティネットも破れる危険が
ある。また企業を定年退職した高齢者に給付される年金制度は、若年層が多
い時点で設計された欠陥の多い仕組みが是正されることなく維持されてい
て、高齢者の増加に伴って国家財政を圧迫している。

　財の供給と比べると、ケアの供給については、日本の社会福祉はさらに遅
れており、介護保険制度の成功は画期的であったが、全体的にはまだ端緒に
ついたところである。高齢者介護について介護保険という制度創設が行われ
たのは、医療と栄養水準の向上によって高齢者が高度障害者となって生き延
びるようになり、高齢者の介護労働は家庭内の私的なケア労働によって担い
きれないものになったからであった。かつては長男家族が看るのが当然とさ
れたが、「家」制度・家督相続が廃止されたことによって、介護責任の帰属
も曖昧になっていた[12]。重い介護負担は、実際には家族が担いきれるもの
ではなかったため、介護保険制度成立前には、病院への社会的入院が増加し
て、日本の医療システムの運営が危うくなりかけていた。

　高齢者の介護状況への抜本的な改革として介護保険制度が設計され、
1997（平成 9）年に介護保険法を立法、2000（平成 12）年に介護保険制
度が施行された。介護労働者の低賃金をはじめ介護保険制度も問題を抱えて

---

12)　春日キスヨ『家族の条件——豊かさのなかの孤独』（1994 年、岩波書店）など。

はいるものの、身体的な介護については、介護保険制度によってかなり社会
化が成功したといえるだろう。しかし高齢者の財産的な保護については、介
護保険法と同時に施行された成年後見法改正立法が、それに対応する制度と
されたが、介護保険制度に比較すると利用者はごく限られており、成功して
いるとは言いにくい。高齢者を抱え込んだ家族が相続紛争の前哨戦として高
齢者の財産を私物化する場合の他、独居高齢者宅に入り込んだリフォーム業
者等と任意後見契約を締結して財産を奪われるような被害も少なくない。

　成年後見制度がうまく機能しなかった背景には、日本の構造的問題が横た
わっている。本来の社会福祉のシステムでは、家庭内に行政権が社会福祉と
して介入するとともに、その介入が強制介入となるときは司法チェックによ
って担保することにならねばならないが、日本では、行政権による社会福祉
が不十分であるばかりか、裁判所の数も圧倒的に足りないのである。

　介護労働は、介護保険によって一定の社会化が行われたが、育児労働につ
いては、保育所がその役割を担って来た。保育所の歴史は、1947（昭和
22）年の児童福祉法立法にはじまるが、当初は、いわば救貧施設として「保
育に欠ける」児童を救済するために運営された。しかし1960年代に入ると、
女性労働者が増加するに従って保育所は母親の労働を保障する存在となり、
「ポストの数ほど保育所を」のスローガンのもと建設推進運動が行われた。
しかし必要な量を供給できず、劣悪なベビーホテルなどが生まれて、いわゆ
る待機児童問題が深刻になった。国は1994（平成6）年にエンゼルプラン、
1999（平成11）年に新エンゼルプラン等の施策をとるが、解決することが
できず、2012（平成24）年に子ども子育て支援法が立法されたものの、
2016（平成28）年には待機児童問題を強烈に批判する「保育園落ちた日本
死ね!!!」という投稿が流行語となっている。婚姻から妊娠出産を経て乳幼
児の育児期に就業率が下がるM字型の女性就業率は、この数年で劇的に改
善されたが、その理由は複合的なものであろう。常勤職の女性が生涯賃金に
おいて非常に不利となる妊娠出産による退職を避けるようになったことはも
ちろんであろうが、若年男性の非常勤化などによる婚姻率の低下と少子化も

寄与していると思われる。いずれにせよ長時間労働と育児との両立は相当に困難なままであり、少子化対策としても充実が望まれる。

　一方、いわゆる三歳児神話のように、乳幼児期は母親の手による育児がされるべきであるという意識は強く、M字型労働を推奨する意見も保守層には強かった。しかしこのような認識は歴史的にも正確ではない。かつて農家や商家のおかみさんたちは、母であると同時に忙しい働き手でもあった。子どもを愛した彼女たちも、子どもにかかわる時間は限られており、年寄りや年長の子どもたちが子守をした。良質な保育園における育児は、かつての健康な「群れによる育児」の現代における再現であると評価できるだろう。むしろ、社会と切り離されて孤立化した育児は、さまざまな困難をもたらす。孤独な母は、自己愛と子どもへの愛を混同させ、わが子意識を増大させがちである。「いい子であれば、愛してあげる」という条件付きの愛情しか与えない「優しい虐待」は、健全な自己愛を持てない病んだ子どもたちをうみだしていく[13]。

　もっとも悲惨なのは、家族内に暴力や虐待があったときである。大家族や近隣社会の交流が密であれば、子どもはそこで人間らしい共感を感受する能力を培える。しかし閉ざされたコンクリートの箱の中で孤立して生活する家族には、そのような社会的安全弁はない。全国の児童相談所が対応した児童虐待の件数は、統計を取り始めた1990（平成2）年度から毎年連続して過去最多を更新している。児童虐待はエスカレートしがちであり、死亡事件の報道は後を絶たない。無事に生き延びた場合も、被虐待児の脳は傷つけられており、適切な救済と治療がなされないと、成人した後、本人にも社会にも

---

13)　前注7・鹿野政直『戦前・家の思想』210頁は、母性という残酷な詐術からの「反乱ははじまっているか」と問い、「夜明けまえの暗さにある、とわたくしは答えたい。と同時に、その反乱は子供たちにおいて、もっとも不幸なかたちをとってはじまっている、とも答えたい。」とする。1983（昭和58）年の鹿野のこの認識は、現在ではより広く共有されているとともに、反乱はまた少子化という形でより顕著に現れているように思われる。

ダメージをもたらす深刻な後遺症が残る場合が多い。

　日本社会の社会福祉は遅れているが、児童虐待に対応する社会福祉はとりわけその遅れが顕著な分野であり、その遅れの弊害は現在の被害としてのみならず被虐待児の成長後の将来に深刻に現れる[14]。親権をもつ親が支援を拒絶する場合であっても、行政権が子どものために介入して親を教育・監督し、ときには親子を引き離さなくてはならない。それは親子の病理に対応できるように訓練された専門家でなければこなせる仕事ではないが、その養成体制は出来ていない。さらに裁判所の不足によって、行政権の介入に本来ならば臨機応変にチェックを入れるべき司法がその機能を果たせないという構造的問題が、ここでも施策の足を引っ張る。フランスの人口は日本の約半分であるが、フランスでは年間約10万件の親権制限判決が出され、約20万人の子どもたちが判事とケースワーカーに親が監督される親権制限下で生活している。日本の親権制限判決（民法の親権停止・喪失審判と児童福祉法28条審判）は、年間やっと三桁である。しかし2022（令和4）年に改正された児童福祉法は、一時保護に司法審査をかけることとした。司法審査は、公布から3年以内の施行が予定されているが、ただでさえ人手不足の児童相談所が、司法審査の負担に耐えて、適切に児童を保護できるかどうか危惧される。

　DVや児童虐待は、実質的には重なる家族病理であり、孤立した家庭内の暴力は、非常に深刻な問題である。かつてのように近隣社会や実家が救済を用意できる時代でなくなって久しいが、その過去の時代の発想による想像力の欠如が、新たな対応の遅れをもたらしている。「圧縮された近代化」を遂げてきた日本は、社会福祉の遅れにもかかわらず、高度成長期の日本型雇用慣行による一定の成功体験を経て、子どもを持つことも難しい少子化と格差

---

14)　水野紀子「児童虐待への法的対応と親権制限のあり方」季刊社会保障研究45巻4号361頁以下（2010年）。親権行使については、同「講座・日本家族法を考える（第19回）：親権を考える」法学教室508号70頁以下（2022年）。

社会に突入した。日本社会の未来は、女性が労働者としても家庭人としても、幸福に活躍できる社会を構築できるかどうかにかかっているだろう。

おわりに

　最後に再び、私事にもどることをお許し頂きたい。加藤先生が学生の私に、結婚して子どもをもつことを示唆してくださったときは、感激したものの、学生の私には、当時はとても自分のこととしては考えられなかった。しかし、その後、実際に家族を持つことになり、加藤先生のお言葉の重さを実感することになった。そして加藤先生はお言葉通り、ずっと支えてくださった。二人目を妊娠したときに「暴挙と言われております」とお知らせしたら、「壮挙、おめでとう」というお返事が届いた。保育園での育児は、保育園仲間との「群れによる育児」が再現する場所で、保育園支援のバザー活動などでも協力し合い、親同士の交流を深めた。夜や週末に所用が入ると、保育園仲間と預かりあいをし、子どもたちは兄弟姉妹のようなクラスメートと楽しく過ごした。私が一人で育児をするよりも確実に良い環境だったと実感する。保育園を利用して、若い女性研究者が家庭を持ち母親になることが、今はごく自然となってきたことを嬉しく思う。

　また私が若い頃は、僅かな数の女性研究者のしでかしたことが、「女性は」という主語で語られる時代であった。そういう経験から、私の限界や失敗が「女性は」という主語で語られて、後輩の女性たちに迷惑をかけてしまうという恐怖が、長い間、肩に乗った重荷であった。でもそのおかげで、優秀な後輩の女性たちの活躍が、自分のことのように、むしろ自分のこと以上に、嬉しく思えるようになった。塞翁が馬とはこのことなのだろうと思う。そして職業生活を通じて、同業の友人たちとの連帯、シスターフッドは、仕事を続ける上での最大の支えであった。少子化と格差社会という困難を抱えた日本社会ではあるが、女性たちはシスターフッドを力に、きっと女性がより生きやすく活躍しやすい社会を構築してくれるだろうと期待している。

女性活躍のビジネス法務学

池田眞朗

I　はじめに

　冒頭に述べておこう。本稿のタイトルは、「女性活躍のビジネス法務学」であって、「女性活躍とビジネス法務学」ではない。すなわち、女性の活躍とビジネス法務学とを関係づけて論じようとするものではなく、女性活躍のためのビジネス法務学、あるいはビジネス法務学が女性活躍の後れの解明や推進のために何ができるかを論じようとするものである。

　そのポイントは、一つは、私が自ら確立しようとしているビジネス法務学で要諦として強調している「創意工夫を新しい契約でつなぐ」ことであり、（法律の制定・改正を待たない）「ルール創り」である。もう一つは、私が発表した論考「ビジネス法務学の確立とそのハブ構想」[1] でも示した、ビジネス法務学が多くの学問体系のハブとなることの実証、さらには、アカデミア

---

1)　池田眞朗「ビジネス法務学の確立とそのハブ構想」武蔵野法学 19 号（2023 年 9 月）274 頁（横書き 53 頁）以下。

の領域を超えたところの社会的データも取り込むという姿勢の実践である。

　なお、私が確立しようとしている新学問分野としての「ビジネス法務学」
は、企業や金融機関の利便や利潤を研究するものではなく、何よりも人間社
会の持続可能性を第一義に考えるものであること [2] をあらかじめ述べてお
きたい。

　周知のように、世界経済フォーラムが公表した 2023 年のジェンダー・ギ
ャップ指数では、日本は 146 カ国中 125 位という、過去最低のレベルにある。

　日本では男女雇用機会均等法が昭和 60（1985）年 5 月に成立し、平成 3
年に育児休業法、平成 5 年にパートタイム労働法、平成 11（1999）年に男
女共同参画社会基本法、平成 15 年に次世代育成支援対策推進法、平成 27
（2015）年に女性活躍推進法が成立している。したがって、2023 年の時点
でいわばすでに客観的に明らかになっている事実は、これらの法律に基づく
施策が機能していない（より端的にいえば、法律だけ作ってもだめである）、
ということであろう。本稿ではさらに加えて、法律が女性活躍の明らかな「足
かせ」になっている例も掲げて論じたい。

　一方、ビジネス法務学の各論を進めていくと、2030 年頃の日本の落日が
決定的な形で見えてくる。自動車産業をはじめとする基幹産業の衰退、レア
アース等の資源不足、人口減少、超高齢化、脱炭素化の遅れ、等々、多数の
指標が日本の落日を予言しているのである。

　そこから日本を救うのは女性活躍社会の形成ではないか。ならば、なぜ日
本は先進国でありながらその女性活躍社会の形成が進まないのかを分析し
て、対応策を論じることが、ビジネス法務学にとっても喫緊の課題となろう。
そのような意図から、私共は 2023 年 11 月 20 日に武蔵野大学法学研究所
主催のシンポジウム「日本はなぜいつまでも女性活躍後進国なのか──ビジ
ネス法務学の観点から」を開催したのである。

---

2)　池田・前掲注 1）268 〜 267 頁（横書き 50 〜 60 頁）参照。

II　そもそも論―「反動の明治」？

（1）仮説の提示

　ビジネス法務学のもう一つの特徴は、物事を本質からとらえるところから出発する、ということである。ビジネスの世界では、おおもとのところで無理や不合理があれば、長い目で見ての成功・成長は見込めないからである（たとえば、私の考える「EV（電気自動車）のビジネス法務学」では、まずガソリン車と電気自動車の違いを、「ガソリンで走るか電気で走るか」ではなく、「エンジン（内燃機関）があるかないか」でとらえる。実はこれによって、HV（ハイブリッドカー）の分類・立ち位置が決定的に変わってしまうのである）。

　そこで本稿は、「日本はなぜいつまでも女性活躍後進国なのか」というシンポジウムのタイトルに従って、まずはその問題の出発点の探究から入りたい。

　本稿では、いまだ十分に論証をする用意が整っていないので、仮説として提示するが、私は、日本の女性活躍の後れのそもそもの原因は、明治中期におけるわが国の人民に対する政府の社会意識形成（誘導）政策にあると考えている。それは具体的には明治民法制定作業の中での家制度と戸主権の確立にあり、さらにそれは、明治10年代に進行した、政府の（井上毅を中心とした官僚の）人心教導政策、具体的には（政治と教育の一体化ともいえるが）政治による教育のコントロールにあったと考えている。この仮説では、市民の社会意識の形成・誘導において、明治はまさに反動の時代だったということになる。

　この仮説は、現時点ではいくつかの点としての例示による論証にとどまるが、私のボワソナード旧民法の研究[3] から派生しているものである。

---

3)　池田眞朗『ボワソナードとその民法』（慶應義塾大学出版会、旧版 2011 年、増補完結版 2021 年）、同『ボワソナード―「日本近代法の父」の殉教』（山川出版社、2022 年）等。

（2）論証のための例示―夫婦同氏制成立の経緯

　例示としてまず掲げるのは、何年も前から繰り返し国会でも論じられながら実現していない、「選択的夫婦別姓」の問題である。わが国の夫婦同姓（法律的には「同氏」）の賛成者の中には「日本古来の家族の伝統」という意見も聞かれる。しかし、実は、夫婦同氏は明治における民法制定作業からの制度であって、それ以前にはわが国に存在していなかった。

　この点、法務省のホームページ[4]では、明治民法（明治31年6月公布、7月施行）からの制度と読めるが、これは簡略に過ぎ非常にミスリーディングな記載である。正確に言うと、わが国の夫婦同氏の立法は、そのホームページに記載がない、わが国最初の近代民法典として公布され、法典論争で施行が延期になった、旧民法典（明治23（1890）年公布）からの制度なのである。

　なお、この旧民法典は、一般にボワソナード旧民法と呼ばれるが、注意すべきことは、日本政府のお雇い法律顧問のフランス人法学者ボワソナードがフランス民法等を基礎にして起草したのはその財産編のみであり、人事編（現在の民法でいう親族法、相続法）の部分は日本人報告委員（その多くはフランス法を学んでいた）が起草したこと、しかもかなり開明的であったその人事編の第一草案が、法律取調委員会や元老院などの審議を経て（ことにわが国の伝統にないものはすべて削除するという方針で行われた元老院での審議によって）、相当に保守的なものに変えられているという事実である[5]。

　この点、いささか専門的になるが、管見の及ぶ範囲ではわが国の夫婦同氏制度の最初の成り立ちを詳論している文献が見当たらないので、ここに記述しておきたい。

---

4)　法務省ホームページ「我が国における氏の制度の変遷」（moj.go.jp/MINJI/minji36-02.html）2024年3月24日最終閲覧）。
5)　経緯の詳細については、前掲注3）の池田『ボワソナードとその民法〔増補完結版〕』（慶應義塾大学出版会、2021年）448頁以下。

　旧民法典人事編の起草にあたった報告委員[6]が最初に作成した510条からなる「第一草案」と呼ばれるもの[7]には夫婦の氏に関する規定は見当たらない。その報告委員よりも年長で格上の法律取調委員が第一草案に手を加える中でできた、「戸主及ヒ家族」の章の別案の乙案（これは明治22年6月にできていることがわかっている）[8]のほうに初めて登場するのである。

　それが

　別案乙案第1条　独立シテ一家ヲ成ス者ヲ戸主ト為ス戸主ノ配偶者及ヒ其家ニ在ル親族ヲ家族ト為ス家族ハ戸主ノ氏ヲ称ス

　というものである。

　さらに、法律取調委員会での審議の結果1889（明治22）年の末ころにできたとされる472条からなる人事編再調査案[9]では、普通婚姻と入夫婚姻

---

6)　旧民法家族法部分起草委員は、人事編（親族法部分）が熊野敏三、光妙寺三郎、黒田綱彦、高野真遜、財産取得編一三章以下（相続法部分）が磯部四郎と井上正一である。なお、彼ら起草（起稿）にあたった者は、法律取調委員会の中の「報告委員」であり（「取調委員」は元老院議官や司法高官）、委員会での議決権は与えられていなかった（星野通『明治民法編纂史研究』ダイヤモンド社、1943年）97頁、99頁、手塚豊『明治民法史の研究（下）』（慶應通信、1991年）107頁、池田・前掲注5）450頁、452頁等参照。なお前掲注3）の池田『ボワソナード―「日本近代法の父」の殉教』（山川出版社日本史リブレット2022年）77頁注にも掲記している）。

7)　この第一草案（全510条）は、『日本近代立法資料叢書16』に『民法草案人事編（完）』として復刻・収録されている。法務大臣官房司法法制調査部監修『民法草案人事編（完）』『日本近代立法資料叢書16』（平成元年、商事法務研究会）。

8)　手塚豊博士は、「その内容から判断して甲案、乙案の順に起草されたものと推定されるが、乙案には「本日会議々案戸主及ヒ家族に関する別案報告委員より呈出相成候付御送付候也　明治二十二年六月　庶務担任報告委員」とあるから、その成立時期もおのずから明瞭である」と書いている。手塚「明治二十三年民法（旧民法）における戸主権（一）」法学研究26巻10号19～20頁（同『明治民法史の研究（下）』234-235頁所収）。ちなみに乙案の前に起草されたと思われる別案甲案第1条には、まだ氏の規定がない。

9)　この人事編再調査案（全472条）も、『日本近代立法資料叢書16』に『民法草案人事編再調査（完）』として復刻・収録されている。法務大臣官房司法法制調査部監修『民法草案人事編再調査（完）』『日本近代立法資料叢書16』（平成元年、商事法務研究会）。

の概念を置き、それぞれに氏を称する形で、

　第23条1項　婚姻ニ二種アリ普通婚姻及ヒ入夫婚姻是ナリ

　同条2項　婦ガ夫ノ氏ヲ称シ其身分ニ従フトキハ之ヲ普通婚姻ト謂ヒ夫ガ婦ノ氏ヲ称シ其身分ニ従フトキハ之ヲ入夫婚姻ト謂フ

　同条3項　入夫婚姻ハ双方ノ明示ノ意思ニ出ツルコトヲ要ス若シ其意思ヲ明示セサルトキハ普通婚姻ト見做ス

となっている（誤読を避けるため一部に濁点を筆者が補充している）。

　結局、上の明治22年6月の別案乙案がほぼ旧民法典の規定となるのである。その旧民法典人事編第13章「戸主及ヒ家族」第243条は、以下のようなものであった。

　旧民法人事編第243条1項　戸主トハ一家ノ長ヲ謂ヒ家族トハ戸主ノ配偶者及ヒ其家ニ在ル親族、姻族ヲ謂フ

　同条2項　戸主及ヒ家族ハ其家ノ氏ヲ称ス

　このように、第2項において、配偶者を含む家族が戸主の氏を称すると規定し、夫婦同氏の原則を規定しているのである。これが明治民法の第4編に引き継がれ、

　第732条1項　戸主ノ親族ニシテ其家ニ在ル者及ヒ其配偶者ハ之ヲ家族トス

　第746条　戸主及ヒ家族ハ其家ノ氏ヲ称ス

となっているのである。

　つまり、我が国における夫婦同氏の規定は、考えてみれば論理必然ともいえることなのであるが、民法編纂における戸主制度と家族制度の確立の影響

---

10)　徳川時代からの「イエ」が、戸籍制度を媒介として明治民法の「家」につながることについては、水野紀子教授の本書論考188頁以下を参照。なお犬伏由子教授は、この戸籍法が、戸籍による一元的人民管理の実現を目指したもので、「戸」を通して「氏と名」により個人を把握するための厳格な氏の規律が必要となったと指摘している（犬伏由子「選択的夫婦別氏（別姓）制度導入の意味」二宮周平・犬伏由子編『現代家族法講座 第2巻 婚姻と離婚』（日本評論社、2020）64頁）。

を受けて初めて規定されたということに注意したい（なお、さらにその遠因
としては、本稿では言及する余裕がないが、明治4（1871）年の戸籍法（1871
年4月4日太政官布告170号）制定が挙げられる。この、現代では世界で
もごく少ない戸籍制度が、大正、昭和と法律としての内容を変えつつも今日
まで残ってしまったことが、法律プロパーとしては夫婦別姓の議論の非常に
大きな障害となっていると思われることを付記しておく）[10]。

　しかし、さらに注意すべきは、明治初年の状況である。周知のように、そ
もそも江戸時代には一般に、農民・町人には氏（苗字）の使用は許されてお
らず、平民に氏の使用が許されたのは、明治3年9月19日の太政官布告か
らである。そのような時代に、実は明治9年3月17日の太政官指令は、夫
婦別氏、すなわち妻の氏は「所生ノ氏」（＝実家の氏）を用いることとして
いたのである[11]。つまり、明治政府は明治9年の段階では、今日とは反対の、
「夫婦別氏制」の採用を指示していたのである。

　この点、前掲の法務省ホームページ「我が国における氏の制度の変遷」は、
明治9年3月17日の太政官指令を掲げたうえで、「明治政府は，妻の氏に
関して，実家の氏を名乗らせることとし，「夫婦別氏」を国民すべてに適用
することとした。なお，上記指令にもかかわらず，妻が夫の氏を称すること
が慣習化していったといわれる」と注記している[12]。

　法務省ホームページの注記はそれだけである。では、なぜ「上記指令にも
かかわらず，妻が夫の氏を称することが慣習化していった」のか。そこが最
も解明すべきところであろう。明治9年の太政官指令から明治23年の旧民
法典公布（より正確には22年6月の、人事編第一草案を改変した別案乙案

---

11)　この明治9年3月17日の太政官指令は、上記法務省ホームページにも存在は明記
　　されているが、文面としては、「婦女人ニ嫁スルモ尚所生ノ氏ヲ用ユ可事。但夫ノ家ヲ
　　相続シタル上ハ夫家ノ氏ヲ称スヘキ事」というものであった（二宮周平「近代日本の家
　　名―家制度の確立と氏」（https://ch-gender.jp/wp/?page_id=18821、最終閲覧2024
　　年3月26日）。
12)　以上、前掲注4）法務省HP「我が国における氏の制度の変遷」より。

出現）までの間に何があったのか。この点についての詳細は別稿に譲るが、私見ではここに井上毅の人心掌握（誘導）政策の影響があったとみているわけである[13]。いずれにしても、わが国における「夫婦同氏」の制度の歴史は決して古くないことをはっきり認識しておきたい。

（2）論証のための例示─「日本古来の家族観」の形成

　では「日本古来」の家族観といわれるものは、歴史上どこから強調されるようになっているのか。

　ここで、上記の旧民法典が1890（明治23）年公布後に論争となって結局施行延期となる、いわゆる「法典論争」の内容を見てみよう。繰り返すが、正確にはボワソナードが起草を担当したのは財産法部分のみで、家族法部分（人事編）は日本人委員が起草し、しかもその人事編は当初草案こそかなり開明的だったが、元老院などで、後の明治民法と比較しても勝るとも劣らないと評されるほどの保守的なものに改変される。その人事編がもっぱら法典論争の対象になっていた。

　この法典論争で、延期派の最大のスローガンとされたのが、時の帝国大学法科大学教授（後に同大学長）穂積八束の論考のタイトル「民法出デテ忠孝亡ブ」というものであった。この、現代的に言えば圧倒的な力を持ったキャッチコピーのもと、専ら人事編つまり家族法の部分が槍玉に上げられて、延期派が勝利するのであるが、実は実際の論争の内容は、後世に正しく伝えられていない。

　ボワソナード民法典の施行断行派は、後に日銀総裁になる水町袈裟六の論考などに見られるように、一つ一つの規定を挙げて、旧民法が我が国の醇風美俗を壊乱するようなものでないことを丹念に反証するのであるが、これに対して、延期派は、そのような個別具体的な批判をほとんどしていないので

---

13)　ここでは詳論を避けるが、ことは明治14年の政変にまでつながる話とだけ記しておこう。なお、井上が主たる作成者である教育勅語も、明治23年に出されている。

ある。例えば穂積八束の「民法出テゝ忠孝亡フ」の論文[14]の内容は、「我国ハ祖先教ノ国ナリ家制ノ郷ナリ権力ト法トハ家ニ生レタリ」「家長権ノ神聖ニシテ犯スベカラザルハ祖先ノ霊ノ神聖ニシテ犯スベカラザルヲ以テナリ」「婚姻ニ由リテ始メテ家ヲ起スニアラス家祠ヲ永続センカ為メニ婚姻ノ礼ヲ行フナリ」という調子で書かれている。わが国は「祖先教の国」で「家長の権利は神聖にして犯すべからざる」もので、極めつけは、「婚姻によってはじめて家を興すのではなく、家祠を永続するために婚姻の礼を行う」というのである。

　現代の感覚からすれば、およそ近代民法典の制定論議とは思えない内容である。これが明治24年に、（現在でいう）東大教授の論文に書かれているのである。もっとも、この旧民法典を施行延期後に修正する三起草委員の一人となる梅謙次郎は、明治25年5月の段階で、人事編を評価して、法典断行を支持する意見を表明し、「我輩ハ常ニ信ス、我カ民法中ニ於テ若シ其細目ノ瑕疵ヲ舎イテ唯其大体ニ就イテ論セハ、人事編ヲ以テ其尤モ宜シキヲ得タルモノトスヘシト。然ルニ民法ハ倫常ヲ壊乱スト曰ヘルカ如キ酷評ヲ為スモノアルハ、実ニ我輩カ解セサル所ナリ。（中略）故ニ民法出テゝ忠孝亡フト是レ徹頭徹尾誤謬ノ妄言タルニ過キス」と書いている[15]。すなわち、「民法出デテ忠孝亡ブ」とは「徹頭徹尾の妄言」だと断じていたのである。実際、先に述べたように旧民法典の人事編は最終的に相当保守的な内容に作り変えられていたのであるから、客観的に言葉を選んでも、やはりこの穂積八束の論題は大いなる誇張であったというべきであろう。しかし、彼がその論題だけでなく内容においても家制度の「伝統」を強調した言説を述べ、帝国大学教授として、旧民法典施行延期のオピニオンリーダーとなっていたことは間

14）　穂積八束「民法出テゝ忠孝亡フ」国家学会雑誌5巻54号（明治24年）、星野通『民法典論争資料集（復刻増補版）』（日本評論社、2013年）82頁以下に収録。

15）　梅謙次郎「法典実施意見」『明法誌叢』3号（明治25年）15～16頁（傍点と句読点は筆者）。

違いのない事実なのである。

　明治は 20 年代（西暦でほぼ 1890 年代）にあってこのような時代だった。しかも、繰り返すがそれは、明治維新初期のおそらくより開明的であった男女間の見方が、明治 10 年代の、井上毅らによる天皇中心の国体確立のための人心誘導政策によって、この穂積八束の言のごとき反動的な理解を当然視する方向につながり、いわば国が家と戸主の存在を絶対化する中で、男性優位社会という社会意識の固定化に人民を誘導したのではないか、そしてそれが今日までの国民全体の社会意識の基礎の形成につながっているのではないか、というのが私の試論なのである。

　実際、当初の開明的な第一草案から相当に保守的な内容に作り変えられた旧民法典人事編が施行延期となったあと、それを引き継いで家制度や戸主権を確立した明治民法典第 4 編第 5 編（旧民法典との比較は後掲手塚博士の評価を参照）が、明治 31 年制定施行から昭和 22 年の民法家族法改正まで用いられ続けることになるのである。

（3）論証のための例示―女人禁制と「天覧」

　もう一つ、まったく場違いのように思われるかもしれないが、文化人類学からの例証を加えておこう。それは、わが国におけるいわゆる「女人禁制」の歴史についてである。

　鈴木正崇教授は、その近著『女人禁制の人類学―相撲・穢れ・ジェンダー』[16]の中で、相撲が国技になり、土俵が女人禁制となるのは明治時代からだということを明らかにしている。鈴木教授は、「大相撲の伝統は、時代に応じて微妙に、時には劇的に変化したことを指摘してきた。大きな転機は 3 回あり、第一は明治 17（1884）年の明治天皇の天覧相撲、第二は明治 42（1909）年 6 月の國技館開館に当たり土俵上で表彰式を行う制度を作り出したこと、第三は昭和 43（1968）年 1 月に内閣総理大臣杯を導入して、一般人が土俵

16)　鈴木正崇『女人禁制の人類学―相撲・穢れ・ジェンダー』（法蔵館、2021 年）。

に上がって授与する方式を作り出したことである。いずれにも祭場である土俵の上に女性を上げないという慣習を適用した。」「極端な言い方をすれば、相撲の女人禁制は、明治42年6月の國技館創設で土俵上での表彰式が導入されたことを遠因とし、昭和43年1月に表彰式に内閣総理大臣杯を創設したことが発生因となって顕在化したのである。」[17] とする。もちろん、鈴木教授が論証するように、「女人禁制」には、宗教、山岳信仰、穢れの概念等、多様な理由があり、「男性の視点が優越した歴史的概念」であることは確かであるものの、しかし「女人禁制は女性差別である」という言説が、「近代が創り出した言説」である例も多いとされるわけである。

　その意味で、「女人禁制」は女性活躍の議論の中での位置づけは単純ではなさそうであるが、いずれにしても、大相撲の女人禁制も明治時代から制度として顕在化しているようである。そしてもうひとつ、上記の大相撲では明治17年の天覧相撲に注目したい。これは、相撲界にとっては、明治維新直後には見世物扱いされていた相撲[18] が、「国技」を印象付けるお墨付きを得る行事であったのだろうが、そこに皇后は同席されていたのであろうか。というのは、私のボワソナード研究では、鳥居坂の天覧歌舞伎というものが登場する。明治20（1887）年4月26日に鳥居坂の井上薫邸で催されたこの歌舞伎については、当時の錦絵では天皇・皇后が並んで観覧しているのだが、これは想像図で、実際には皇后は同席せず、皇后と高官夫人らは翌日27日に招待されている[19]。

　つまり、明治維新は、わが国の文明開化の中で、結局男女平等ということに関して何を残したのか、ということである。私が試論として考えているのは、明治維新は、天皇制という国体の確立を目指した中で、実は文化的には

---

17)　鈴木・前掲注6) 67～68頁。
18)　鈴木・前掲注6) 52頁参照。
19)　池田・前掲注3)『ボワソナード』68頁。同69頁に収録した井上探景・楊洲周延の「貴顕演劇遊覧図」はそこに注記した通り想像画であって、史実とは異なる。

政府の施策による女性差別・反動の確立した時代であって、これが現代の「社会意識」「(無意識の)常識」を形成したのではないか、ということなのである。

　この点については現時点でさらに十分に論証する準備が足りないが、たとえば当時福澤諭吉が、官(政府)の施策が先行する中で「私」としての市民の独立を強く訴え、『学問のすゝめ』第8編(明治7年)で男尊女卑の悪習を批判していたが、そのように正面から男女差別の問題を論じるのは、当時の知識人の中では、ほとんど唯一と言っていいほどの少数派であったように見えること[20]、また、当時の風聞の部分を含むので明記は避けるが、明治政府の功労者や時の文化人でも、女性関係というか女性の扱いに問題があるとされた人物も多いことなどが傍証として考えられる。つまり、明治時代は、社会における男女の関係においては、(為政者たる男性らの意識にも問題があって)逆に封建的な男性上位を確立した時代であったのではないか、という仮説である。

　もしこの仮説が誤っていないとすれば、わが国の家族観や、それに伴う男性中心社会観についての伝統的な「常識」は、実は明治時代に(意図的に)「新しく作られた」ものであって、たかだか、130年くらいの歴史しかないのである。

　ただ、この仮説だけではまだ不十分である。まず法律学プロパーの観点からは、明治の民法典が定めた、戸主権や家督相続の概念を、男女差別の観点から再検討する(その後の日本社会を男性上位社会として固定化していったことへの影響等も明らかにする)必要があろう。法制史プロパーの重要業績[21]

---

20)　ここでは詳論しないが、福澤諭吉の女性論、家族論は、氏の問題(婚姻した男女で新しく一家を作るのだから、それぞれの姓を組み合わせて新しい姓を作ればいいなどとも述べている)や、今日で言うジェンダーバイアスの問題、子育ての問題等、現代の論点にも言及する卓越したものであった。西澤直子「福沢諭吉の女性論・家族論」小室正紀編著『近代日本と福澤諭吉』(慶應義塾大学出版会、2013年)47頁以下等参照。

21)　例えば手塚豊「明治二十三年民法(旧民法)における戸主権―その生成と性格―」法学研究26巻10号(昭和28年)1頁以下、同27巻6号27頁以下、27巻8号36頁以下(同『明治民法史の研究(下)』慶應通信、平成3年)215頁以下所収)など。

を基礎に再検討することが望まれる。さらに、ことは法律学からの検討だけでは足りず、先にも若干触れた、政治と教育の問題こそが、本質的なカギを握ることになるかと思われる（この点については再度後述する）。

Ⅲ　ノーベル経済学賞の業績と「ルール創り」

　さて、視点を現代に戻そう。折しも、上記のシンポジウム企画後の 2023 年 10 月 9 日にノーベル経済学賞の受賞が決まった米国ハーバード大学のクラウディア・ゴールディン教授の場合は、男女間に賃金格差が生じる要因を解明した研究が評価された。同氏のハーバード大学での会見を報じる日本経済新聞の同年 10 月 11 日の記事（無署名）は、「有名なのは、男女間の賃金格差の要因に『労働時間の柔軟性』を挙げた 14 年の論文だ。子どもを産んだ女性の昇進が遅れたり、短時間労働に押し出されたりしてしまう現象は「チャイルドペナルティー」として知られる。」と書いている。

　この、働く女性の子育て負担について、上記のシンポジウムでも報告された青山直美氏は、男女雇用機会均等法施行の最初期の就職をされた方だが、当時の大企業では、出産後のキャリア女性に対して、環境整備やきちんとした制度があっても、応援してあげようという「風土」がない状態だったという。さらに、2004 年の段階で存在した「小 1 の壁」について触れ、当時保育園は比較的入れやすかったものの、いわゆる学童（放課後児童クラブ）の整備環境が、非常にまずしかったことを述べている [22]。

---

[22]　「小学生になるくらいのお子さんをお持ちのお母さまは、家にいるのが当たり前という形だった」「雇用機会均等法という、あのような法律はできても、人々のいわゆるアンコンシャスバイアスというか、子供が小さいうちは、どんなに優秀な女性でも、子供の世話をすることが一番美しい在り方だということがいわれていました」という。青山直美「女性の活躍推進と実務家教員の養成」（インタビュー、聞き手池田眞朗）池田眞朗編『実践・展開編　ビジネス法務教育と実務家教員の養成 2』（武蔵野大学法学研究所〔創文発売〕、2022 年）259・266・268 頁。

　上記のシンポジウム（本書に完全収録）のクロージングでも述べたところ
だが、佐賀県知事の山口祥義氏は、2023年10月の日本経済新聞のインタ
ビュー「私のリーダー論」[23]で、「『前例がない』『原則上できない』ことが
実現を阻む理由なら、ルールに縛られるのではなく、ルールを変えればいい
のです」として、「例えば、佐賀県庁では現在、男性職員の2週間以上の育
休の取得率が100％です。2年前までは30％でした。どうやって事態を打
開したと思いますか。以前は取得希望者が申請書類を提出していました。『取
得しない場合は所属長が不取得の理由書を提出する』というルールにしたら
全員が育休を取るようになりました。発想の転換です。」と述べている。ま
さに発想を逆転させた、見事な「ルール創り」である。

　またこれは、私が提唱している「行動立法学」（ルール創りは、誰のため
のルールか、こういうルールがないと誰がどう困るか、を考えて、ルールを
創った際の適用対象者の行動をシミュレーションしてから行う）[24]を実践し
た好個の例と言える。

　日本がいつまでも女性活躍後進国である現状から抜け出すには、（単なる
意識改革では足りず）こういう、発想を転換した新たなルール創りが必要な
のである。

　もっとも、ゴールディン氏は、この育児負担が女性に偏りがちなことだけ
に「チャイルドペナルティー」現象の要因があるのではなく、長時間労働や
突発的な業務など仕事の質にも問題があるととらえた。男女を問わず勤務時
間の調整がしやすい「フレキシビリティー（柔軟性）」こそ賃金格差を埋め
る最後のカギだと説いたのである（上掲日本経済新聞の記事の文章による）。

　そこでもう一つ、私がビジネス法務学の要諦としている、「創意工夫を新
しい契約でつなぐ」好例を挙げてみよう。これも上記シンポジウムのクロー

---

23)　日本経済新聞2023年10月12日夕刊2面、佐賀支局長谷川聖子署名記事。
24)　池田眞朗「行動立法学序説─民法改正を検証する新しい民法学の提唱」法学研究93
　　巻7号61頁以下（池田『債権譲渡と民法改正』〔債権譲渡の研究第5巻〕（弘文堂、2022年）
　　601頁以下所収）。

ジングで挙げたものであるが、2023 年 11 月の日本経済新聞に、三段の小さな記事だが、「富士急系、軽ＥＶタクシー」[25)] という無署名記事が載った。富士急行グループの甲州タクシーという会社が、軽電気自動車タクシー 2 台を導入し、女性パート運転手二人を新規に採用して運行するという記事である。記事によると、「新規採用の女性が軽ＥＶタクシーを運転する。日中 5 時間のパート勤務で、主に地元の高齢者の通院や買い物などの送迎を担当する」「車両は日産自動車の「サクラ」。タクシーの安全基準に適合して販売されたのを機に導入した」。

　まさにここにビジネス法務学が対象とし検討・推奨する要素が満載なのである。超高齢化社会のモビリティ、運転手不足の対応、ジェンダーフリーの女性活躍、ゼロエミッション、これらすべての要素を、「創意工夫を契約でつなぐ」形で実現している。超高齢化社会対応と女性活躍でいえば、「高齢化と人口減少で運転手不足が続き、地方在住の女性の多くが普段運転する軽自動車を活用して女性運転手の獲得を図る」（同記事）のが合理的であるだけでなく、「日中 5 時間のパート勤務」で、上記ゴールディン教授の言う、勤務時間のフレキシビリティーも確保している。CO_2 排出で言えば、日本で導入が遅れている電気自動車を、軽自動車規格でタクシーに必要な安全基準に適合した車種が発売されたのを機に導入したのも大変適切である（法規制や安全基準に対する目配りはビジネス法務学の重要な役割でもある）。

　そもそも女性のタクシー運転手は、わが国でも近年かなり増えてきていると感じるが、私は 1978 年から 80 年の 2 年間のフランス留学（パリ第Ｉ大学）の際に、既に、当時日本ではほとんど見かけなかった女性のタクシー運転手がいて、その人たちがほぼ全員、助手席に犬（大型犬）を乗せていたのを記憶している（愛犬は、タクシー強盗などに対処するセキュリティ確保手段であったのだと思うが、日本では、コロナ蔓延前まで助手席にもお客を乗せるのが普通であった。もちろんそれは日本が世界的にみて非常に例外的に安全

---

25)　2023 年 11 月 3 日日本経済新聞 33 面「富士急系、軽ＥＶタクシー」（無署名）。

な国であったことの証左とも言えるのだが）。

IV　少子化対策と夫婦別姓

　ここで、「女性活躍」プロパーの問題から少し視野を広げて、人口学の観点からの考察を加えてみたい。2023 年現在の日本政府の少子化対策は、実質は「子育て対策」であって、結婚・出産の促進策という意味での直接的な少子化対策にはなっていない、という批判がある。

　この点に関連して着目したいのが、日本総合研究所シニアスペシャリスト村上芽氏の発言である。村上氏は、「出生率、15 年後見据え対策を」と題された日本経済新聞の記事[26]で、「日本では夫婦別姓を認めるだけでもキャリアを大事にしたい女性の結婚のハードルは下がるだろう。政策的なコストも高くはない」「離婚などでシングルになっても安心して子育てできる環境づくりも必要となる。給与が一定額を超えると社会保険料が天引きされて手取りが減る「年収の壁」の解消に取り組むべきだ。男女ともに働きやすくなり経済的に自立できる。」と述べている。

　「年収の壁」問題も重要なのだが、ここで取り上げたいのは、「夫婦別姓（選択的夫婦別姓）」の採用が、キャリアを大事にしたい女性の結婚のハードルを下げるだろうという指摘であり、さらにビジネス法務学的に重要なのは、「政策的なコストも高くはない」という指摘である。

　つまり、わが政府の対策は、子育て世代への支援金や補助金等、「お金で解決する」発想が全般的に強い。これに対して、制度自体の改善を計った場合は、選択的夫婦別姓でいえば、戸籍関係部署の書式データの修正などに国の支出はあるだろうが、法律を変えるだけで政府の支援金・補助金等の予算支出はゼロで済むのである。

---

26)　Think！「将来推計人口　識者に聞く（上）」日本経済新聞 2023 年 4 月 28 日 5 面（無署名）。

　このように、わが国における積年の課題である「選択的夫婦別姓」制度採用の問題は、伝統的な「家族観」の問題から、現代では女性活躍の問題へ、さらに少子化の問題へとつながっていることを認識すべきであろう（この点、たとえば50代60代の男性地方議員や男性地方首長の意識はどうであろうか。まだこの「因果のつながり」を肯定する人は少ないのではないか。ちなみに、私のゼミナールの2024年3月卒業生の一人の卒業論文では、調査数は少ないが、これらの世代の地方首長へアンケート調査をして、（選択的夫婦別姓には賛成意見もあったものの）「夫婦別姓と少子化には格別のつながりはないと思う」という多くの回答を引き出している）。

　私の問題意識が的外れではないことを、世界的な人口学者ポール・モーランドの近著『人口は未来を語る』[27]から論証したい。同書は、「ヨーロッパの低出生率の国々の多くに共通しているのは、女性の教育機会は大いに拡大しているのに、その一方で伝統的な価値観がそのまま残っているという点で、このふたつの組み合わせは出生率にとって致命的である。女性の教育を奨励していながら、女性が仕事と家庭を両立させようとすると眉をひそめるような社会においては、女性は興味のある仕事か母親になる喜びかという二者択一を迫られ、多くの場合前者を選ぶことになるからだ」[28]、「日本はかなり前から低出生率とそれに伴う景気低迷に苦しんでいて、典型的な「低出生率の罠」に陥っている。女性が教育機会を得た国では、一般的に合計特殊出生率が人口置換水準あたりまで下がるが、そこで仕事と出産の両立が奨励されないとなると、出生率は一層低下する。日本がまさにその例で、この国には母親としても働き手としても満たされずにいる女性が大勢いる」[29]と書いている。

---

27)　ポール・モーランド（橘明美訳）『人口は未来を語る』（ＮＨＫ出版、2024年）。
28)　モーランド・前掲注27）129頁。
29)　モーランド・前掲注27）148頁。

V　法律によるコントロールの限界

　さて、ポール・モーランドの「個人の価値観と社会の価値観のずれ」と、私が指摘する、急激な変革の時代には法律の制定や改正が後追いになってしまうという、法律の限界性の問題を、改めて選択的夫婦別姓の問題で検討してみよう。

　第二次大戦後の 1947（昭和 22）年に、全面的に改正された民法第 4 編第 5 編（家族法部分）が施行される。

　そこでは、

　第 750 条　夫婦は，婚姻の際に定めるところに従い，夫又は妻の氏を称する。

　とされた。

　これについて、前掲の法務省ホームページは、「改正民法は，旧民法以来の夫婦同氏制の原則を維持しつつ，男女平等の理念に沿って，夫婦は，その合意により，夫又は妻のいずれかの氏を称することができるとした」と解説している。

　周知のように、この規定が憲法に違反するかが争われ、この問題について最高裁は大法廷で「①婚姻の際に、「氏の変更を強制されない自由」が憲法上の権利として保障される人格権の一内容であるとはいえず、本条は 13 条に違反するものではない。②本条は、夫婦がいずれの氏を称するかを協議に委ねているのであり、憲法 14 条に違反するものではない。③夫婦同氏制は我が国の社会に定着しており、家族の呼称を一つに定めることには合理性があり、同制度には家族構成員であることを対外的に公示し識別する機能があるなどの意味がある。婚姻によって氏を改める者が不利益を受ける場合があることは否定できず、現状では妻となる女性がその不利益を受ける場合が多いことが推認できるが、婚姻前の氏の通称使用が広まることにより右不利益は一定程度は緩和され得る。以上を総合すると、本条は憲法 14 条に違反するものではない。この種の制度の在り方は国会で判断されるべき事柄である」[30]

という判断を示している（最大判平 27 年 12 月 16 日民集 69 巻 8 号 2586 頁）。
なお 15 名の最高裁裁判官中 1 名の反対意見、計 4 名の意見（それら計 5 名が
違憲と判断）、1 名の補足意見があった。その後に出た最大決令和 3 年 6 月 23
日でも、結論は同様であるが、裁判官 15 名中 4 名が違憲と判断している[31]。

　論理的には、「婚姻時に夫婦が合意でいずれかの姓を選択できる」という
規定それ自体に男女差別の要素を見出すことはなかなか難しい。したがって、
最高裁の裁判官の多数が夫婦同氏の規定を「合憲」とするのは、ある意味で
は仕方のないことであり、裁判官から、これは国会で検討すべき問題だとい
う意見が加えられるのも当然という見方ができよう。つまりこれが法による
コントロールの限界なのである。

　ただそこに、社会の価値観なり社会意識の問題を投入すれば、実際にわが
国では婚姻時に夫の姓を選択する夫婦は約 95％に上っている。ここに、私
の言う「行動立法学」の問題がある。行動立法学では、新法の制定など、新
しいルールを作る際には対象となる人々の行動のシミュレーションを十分に
行ってから作るべきと主張しているわけであるが[32]、そもそも戦後の昭和
22 年の段階で、「夫婦が合意でいずれかの姓を選択できる」というルールを
作ってそれで平等を図れるかといえば、いくら民主化の世の中といっても、
それが絵に描いた形式論であることは自明だったはずなのである。

　それに加えて、ポール・モーランドも指摘するように、ビジネスなどに携
わる女性の意識と、社会の通念とか常識とか呼ばれる価値観の差が、今日ま
でこの数字を生みだしているといえよう。

　したがって、ある意味ではこの夫婦別姓の問題は、立法の遅れの最たるも

---

30)　本稿は判例評釈が目的ではないので、ここでは判例六法（有斐閣、令和 6 年版）596
　　頁の民法 750 条に関する判例紹介文を引用した。
31)　最大決令和 3 年 6 月 23 日裁時 1770 号 3 頁・WestlawJapan 文献番号 2021WLJPCA
　　06239001。同決定の紹介として、二宮周平「民法 750 条（夫婦同氏制）と憲法」法学
　　館憲法研究所報 24 号（2021 年）44 頁以下等がある。
32)　池田・前掲注 24）参照。

の、という見方もできるのである。社会通念という名の、夫の姓を選ばざる
を得ないという、女性の側に課される不当な圧力は今なお厳然と存在してい
る。

　こうして、選択的夫婦別姓については、法制審議会の答申が出てからも、
何度か国会に提案されかかっても結局立法に至らない。その理由のひとつは、
地方議会や地方選出国会議員の反対によるものとも言われている。それはな
ぜなのか。私は先に本稿で先送りした考察の一端をここで示す必要があるか
もしれない。

VI　仮説の帰結としての「価値観の固定化」

　ここでやはり再度明治時代に戻る必要がありそうである。社会通念、社会
常識、社会意識の固定化、それこそ明治 10 年代から井上毅が政体の安定の
ために企図し成功した人心教導策がここまで影響を及ぼしているということ
なのではなかろうか。

　ここでは詳細な論証をする余裕がないが、『維新と人心』の名著を持つ伊
藤彌彦教授の研究は、井上毅が、福澤諭吉の言説を異常なまでに警戒し敵視
したことを明らかにしている[33]。伊藤教授は、井上が最も恐れたのは、福
澤の言説に含まれる、「内閣交代」の発想だったという[34]。井上の伊藤博文
に呈した意見書などを的確に読み解く伊藤教授の筆致は非常に説得的である
が、私は、より一般化していえば、井上が何より恐れたのは、「内閣交代」
などに象徴される、福澤の言説に一貫する「多様性」の主張であったように
思う。井上にとっては、オルタナティブ（代案、代替物）[35] が存在すること

---

33)　伊藤彌彦『維新と人心』（東京大学出版会、1999 年）134 〜 135 頁。

34)　伊藤・前掲注 33) 138 〜 139 頁

35)　alternative について広辞苑は、「代案、代替物」の次にいみじくも「既存の支配的
　　なものに対する、もう一つのもの」と説明している。教育思想論から福澤にアプローチ
　　する米山光儀「福澤諭吉の教育思想（2）」小室・前掲注20)『近代日本と福澤諭吉』

自体が、許容できない危険なことであったのである。彼はその意味で、教育を政治に取り込み、人心の（すなわち社会意識の）固定化を図った。官にあっては天皇を頂点とする政体の確立を図り、民に対しては、戸主を頂点とする家制度の確立を図り、官からのコントロールを強化する。そうして、明治日本の国家体制をゆるぎないものとするのが、実質的に明治官僚のトップの地位にあった井上の根本の目標であった。そうみれば、「私」の確立を説く福澤を極端に敵視したのは当然であるし、前掲の穂積八束の言説はまさに時代に適合したものであったのである。

　安易な推測は避けなければならないが、実際この明治の国家体制作りの在り方が、その後の日本の、男性優位社会の形成を決定的・固定的なものにしただけでなく、数次の戦争体験を経て増幅されたいわゆる「同調圧力」の強さとも結びついており、またそれが今日「アンコンシャス・バイアス」と呼ばれるものの基礎にもなっている、と言えるかもしれないと私は考えるのである。

　つまり、その明治以来の「固定化」の呪縛や多様性の排除からなお抜け出せずにいるところに、日本がいつまでも女性活躍後進国であり続けている一因があるのではないか、というのが、私の仮説の帰結である。

Ⅶ　制度の問題と個人の意識の問題

　上記シンポジウムのクロージングで、八代英輝弁護士（武蔵野大学客員教授）は、「意識」の問題に言及した（本書収録の池田＝八代「クロージングコメント」参照）。

　そこでの私見を繰り返すが、制度として、いわゆる法律のようなものを考

85頁以下は、天皇が教育に関与する最初の文書である明治12年の「教学大旨」を取り上げ、それをサポートする内容の伊藤博文の名で出された「教育議」という文書が実は井上毅の書いたものであることを指摘しているが、論考の末尾に、「福沢は近代日本の教育に対して、常にオルタナティブを提唱した」と書いている（同書98頁）。

えるのであれば、制度から改善・構築して行こうとするのは間違いであろう。先に述べたように、それだけでは大きな成果が得られないのは、わが国の男女雇用機会均等法、男女共同参画基本法、女性活躍推進法等の制定・施行の歴史が如実に物語っている。

　加えて、私がビジネス法務学の諸論稿で指摘してきたように、そもそも急激な変革の時代には、法律の制定・改正には（利害関係の対立等も加わって）時間がかかり、法律による社会コントロールは、変化の後追いになって十分な成果を得られない限界性が明らかになってくる。例えば、現代において顕著な問題例として挙げられるのは、2000年の施行後、今日まで本質的な改正が加えられていない、電子署名法（電子署名及び認証業務に関する法律）である。見方によっては、本稿前述の夫婦同氏規定もその代表例とされるかもしれない。

　それでは一方で、男性女性を問わない、国民一人一人の意識を高めることはどうか。それは、上記シンポジウムでも複数の報告で指摘されており、貴重な認識であることは間違いない。ただ、その「意識」が、一人一人の自覚のようなものを考えるのであれば、やはり、なかなか目に見える形に結実しない。

　つまり、「制度」と「意識」の二項対立の発想では、まだ女性活躍の具体的な成果は生まれてこないのである。そこにおいてビジネス法務学が提案するのが、「意識をどうルール化するか」ということなのである。繰り返しになるが、ここでも「創意工夫を契約でつなぐ」というビジネス法務学の要諦が生きる。つまり、（個々人の意識に基づいた）「あるべき方向の探求」を（オカミから言われるのではなく）「自分たちでルール化する」ことが重要と考える。

　その最適な一例が、株式会社メルカリにあった。これも日本経済新聞2023年11月の記事「男女賃金『説明できない格差』」[36]が紹介するもので

---

36)　2023年11月2日夕刊8面「男女賃金『説明できない格差』」「メルカリが問う日本企業の姿」（編集委員中村奈津子署名記事）。ちなみにこの記事自体が、ビジネス法務学の手法からすると、その調査の目配り、因果関係の分析等、「レポート」ないし「論文」として見ても、秀逸といえる。

ある。要約すると、メルカリでは、正社員の平均賃金を統計的に分析し、等級や職種といった「説明できる格差」以外の影響を受けていることがわかり、調査時に 37.5% あった男女間の賃金格差のうち、「説明できない格差」とされた 7% の分を、個別にベースアップを実施して 2.5% にまで縮小したというものである。

　その記事によれば、スイス政府などは賃金格差診断ツールを無償提供しており、わが国でも、研究者によるそのような診断ツールの大学発企業での提供が始められているようである。

　もちろん、このような企業レベルのルール創りだけでなく、最小単位としての夫婦での「ルール創り」も考えられる。たとえば、日本経済新聞 2023 年 11 月 6 日 21 面のダイバーシティの欄には、「育児しにくい企業　パパ去る」という記事（署名杉山恵子）があった。「育児を理由に働き方を変える男性が増えている」というのである。

　実際、飲み会に付き合い接待ゴルフに付き合い、とやらなければ出世できないという、従来型日本企業の「基本構造」に対して、「じゃあ出世はいいです、この子の子育てを優先します」という男性も増えているようである。この「意識」を「行動」に移せるかどうかが問題なのだが、たとえば昭和時代の男性と令和時代の男性では、明らかに後者のほうに「出世」よりも「子育て」を選択する男性が多いように思える。それは、その個人にとっての価値観の逆転であり、本人の、また配偶者との二人の間の「ルール創り」なのである。

　この「意識を（自主的な）ルール創りへ」という課題設定は、わが国の「制度」の硬直性への異議申し立てにもつながるといえよう。

Ⅷ　小括

　以上、本稿は、断片的なデータの寄せ集めにすぎない、完成度の低いものではあるが、わが日本がなぜいつまでも女性活躍後進国なのかという設問に

対して、その遠因から考究し、かつその打開策を、新しいビジネス法務学か
ら探ろうとしたものである。私の主張する、ビジネス法務学が多くの学問を
つなぐハブになるという「ハブ構想」も、不十分ながら実践してみたところ
である。

　為政者の意識改革とそのルール化の好例として挙げた、先述の佐賀県知事
の施策は、ようやく国によって取り入れられようとしている。日本経済新聞
が報じたところによれば、政府は、男性の育児休業を促すための育児・介護
休業法改正案などを 2024 年 3 月 12 日に閣議決定した。育休取得率実績値
の公表をこれまでの従業員 1000 人超の企業から 300 人超の企業に義務付
け、さらに従業員 100 人超の企業に男性の育児休業取得率の目標値設定と
公表を義務付けるという [37]。ただし、設定できない場合のサンクションが
厚労相の勧告というだけではそれほどの効果は望めないし、記事によればそ
もそもそれを利用できる職場環境ができているか（代替要員が手当てできる
か等）がなお問題のようである [38]。

　さらに、日本経済新聞 2024 年 2 月 14 日 23 面の記事「人的資本と女性
管理職」（署名は蔦民）によれば、2023 年 3 月期から、有価証券報告書で
女性管理職比率と男性の育児休業取得率、男女間賃金格差の 3 つの指標の
開示が義務付けられたが、「3 つの指標と株式リターンの研究によれば、特
に女性管理職比率の高い企業が有価証券報告書の公表後に高いリターンを生
み出している」という。経済産業省と東証が共同で選定するいわゆる「なで
しこ銘柄」も公表されており、「女性の活躍に積極的な企業に着目した投資
が始まっている」とのことである。

　以上のように、女性活躍を支援し期待する官や企業の新しい動きは出てき
ている。ただ、それらもなお今後の成果の検証が必要と思われるし、法律そ

---

37)　日本経済新聞 2024 年 3 月 13 日朝刊 3 面「男性育休 企業に改善迫る」（無署名）。
38)　日本経済新聞 2024 年 3 月 13 日朝刊 3 面「遠慮せず休める環境を」（天野由輝子署
　　名記事）。

の他の枠組みを作っただけでは結果につながらないということは、本稿でも見てきたとおりである。

　本稿冒頭に述べたように、ビジネス法務学の各論からは、2030 年頃の日本の落日が多くの指標から決定的なものとして見えてくる。そこから日本を救うには、女性活躍社会の形成を、さらにレベルを上げて推進するべきである。民のレベルでの創意工夫、あるいは官民の協働する契約、が積極的に展開されなければならない。そしてそれらを担う人材として、女性はより一層の活躍の場を与えられなければならない。

　その観点が、ビジネス法務学を女性活躍の考究に、強い必然性を持って結びつけるのである。

IX　エピローグ

　私が今一番注目している女性は、講談の世界で 2023 年に真打ちに昇進した講談師一龍斎貞鏡さんである。テレビで一度見ただけで、その存在感に驚いた。祖父と父を講談師に持ち、20 歳で父の高座を初めて目にして衝撃を受け、弟子入りしたとのことだが、最近、彼女が記事になった日本経済新聞 2024 年 1 月 4 日夕刊 12 面「文化往来」（無署名）を読んでまたびっくりした。「高座を降りれば、0 〜 5 歳の 4 児の子育ての真っ最中の 37 歳」とある。記事で彼女は、「高座と家族だんらん、どちらもたまらなく好き」と語っている。誰にもこのようなハイレベルの「二刀流」[39] ができるわけではないだろうし、またそのための環境が与えられているかも問題にはなろう。しかし、こういうスーパーウーマンは、ビジネスなど、各界で増えている印象がある。実際、最近は女性が大企業のトップに就くニュースも聞く。このような人た

---

39) 「二刀流」と書いたが、その表現自体が不適切なのかもしれない。つまり、貞鏡さんは、決して「二刀流」をしているとは思っておらず、ただ「女性」として普通に日々充実した人生を送っているだけという意識でおられるのではないだろうか。

ちが、潮目を変える原動力になっていくことは確かであろう。

　貞鏡さんの高座での語りによれば、寄席では一つの話を何回かに分けて話す。次の日も続けて聴きに来てもらえるように、話のヤマで「この話はこれからが面白い」と言って「お時間となりました」と終わらせるのだそうだ。日本の女性活躍は、ようやく、これからが目覚ましい発展の段階になるのかもしれない。

〈武蔵野大学法学研究所叢書3〉

日本はなぜいつまでも女性活躍後進国なのか

発行日	2024 年 5 月 21 日 初版第 1 刷
編著者	池田眞朗
発行	武蔵野大学出版会 〒 202-8585 東京都西東京市新町 1-1-20 武蔵野大学構内 Tel. 042-468-3003 Fax. 042-468-3004
印刷	株式会社 ルナテック
装丁・本文デザイン	田中眞一

©Masao Ikeda
2024 Printed in Japan
ISBN 978-4-903281-65-0

武蔵野大学出版会ホームページ
http://mubs.jp/syuppan/